Best
Selection
4

大川隆法
初期重要講演集
ベストセレクション④

人生の再建

Ryuho Okawa
大川隆法

大川隆法
初期重要講演の軌跡

1990.4.22－1990.6.24

第1章

1990年4月22日法話
「限りなく優しくあれ」
（神戸ポートアイランドホール）

(上)会場となった神戸ポートアイランドホール。(左)当日の講演の様子。

「その心の内を見よ。そこに愛の光が見えるか。その愛の光が見えたところが、そこがあなたの信仰の出発点であるのだ。」(第１章より)

会場を埋め尽くす約8000人の聴衆。

第2章

1990年5月20日法話

「人生の再建」

（広島サンプラザ）

（上）会場に続く長蛇の列。
（下）会場となった広島サンプラザ。

「どのような不幸に打ちのめされても、マイナスの思いは発せず、そして、他の人のものをよく研究し、自分自身についてもよく研究して、理想に燃えることです。」
（第２章より）

会場に詰めかけた約4000人の聴衆に向かって講演を行った。

第3章

1990年6月3日（午前）法話

「人生の王道を語る（序論）」

（幕張メッセイベントホール）

「この世のみの成功論など、巷にいくらでも溢れております。けれども、私たちが対象にしているのは、まさしく『この世とあの世を貫く幸福』であるのです。」
（第3章より）

会場の外に並ぶ大勢の人々。

当日の幕張メッセ会場内の様子。

「いやしくも王道に入らんとする者であるならば、その心のなかを見られ、その姿を見られ、陰日向なく他の者の目に己が姿をさらしても、恥ずることなき姿である必要があるということです。」（第4章より）

第4章

1990年6月3日（午後）法話

「人生の王道を語る」

（幕張メッセイベントホール）

当日の講演の様子。

1990年6月24日法話
「信念の力」
（真駒内屋内競技場〔アイスアリーナ〕）

「みなさんも『幸福の生産者』になってください。人々を幸福にしていきたいというわれらが願いの下に、その旗印の下に集まっていただきたいのです。」（第５章より）

会場となった真駒内屋内競技場（アイスアリーナ）。

まえがき

第1章の「限りなく優しくあれ」は、初期の名講演といわれたものの一つである。最近のLGBTを当然とする流れや、同性婚を肯定する地裁も出てきた驚きの現代には、古き良き時代の保守思想にしかすぎないように思えるかもしれない。しかし、天上界の主流の教えである。

第2章「人生の再建」は、広島講演としてなしたものだが、今は亡き父・善川三朗《よしかわさぶろう》が、「毎回、この講演が最高かな、と思っていたが、またその上が出て来た」と言ってくれた、これも名講演といわれたものの一つである。宗教としての鋭い斬り込みがあろう。

いずれも、若き日の遺産であり、私としては、宗教家になってよかったな、と思えるものだ。
多くの人々に繰り返して読んで下さるとうれしい。

二〇二一年　六月四日

幸福《こうふく》の科学《かがく》グループ創始者兼総裁《そうししゃけんそうさい》

大川隆法《おおかわりゅうほう》

大川隆法　初期重要講演集　ベストセレクション④　目次

第1章　限りなく優《やさ》しくあれ

一九九〇年四月二十二日　説法《せっぽう》
兵庫県・神戸《こうべ》ポートアイランドホールにて

第2章　人生の再建

一九九〇年五月二十日　説法
広島県・広島サンプラザにて

第3章　人生の王道を語る（序論）

一九九〇年六月三日　説法
千葉県・幕張《まくはり》メッセイベントホールにて

第4章　人生の王道を語る

一九九〇年六月三日　説法
千葉県・幕張メッセイベントホールにて

第5章　信念の力

一九九〇年六月二十四日　説法
北海道・真駒内《まこまない》屋内競技場（アイスアリーナ）にて

第1章

限りなく優《やさ》しくあれ

一九九〇年四月二十二日　説法《せっぽう》
兵庫県・神戸《こうべ》ポートアイランドホールにて

1　はるかなる世界から降りてきた「優《やさ》しさ」という言葉

この四月という季節に、神戸《こうべ》の地に八千人のみなさまにお集まりいただきまして、私も感無量《かんむりょう》であります。一年のこの日、こうして大勢のみなさまと一緒《いっしょ》に過ごせる日があるということを、とてもうれしいことと感じます。

今日初めてお見えになっているという方も、このなかの半数はいらっしゃると伺《うかが》っています。初めてで、あるいは最後になるかもしれない方もいらっしゃるかもしれません。その人たちの一日を、どうか実り多いものにしたいものだと祈念《きねん》させていただきまして、本日の話を始めていきたいと思います。

さて、今年、すでに何度かの講演でみなさまがたに一貫《いっかん》して訴《うった》え続けてきたことがございます。それが何であるかといいますと、「信仰《しんこう》」ということの大切さであります。

過去三年間の講演のなかにおいては、そう多くを私は語りませんでした。それは、私自身が実体験してきたことを、みなさまがたにお伝えすることが、とても難しいことであると感じたからであります。

少しずつ少しずつ真理の道に入って、そうして、みなさまがたが、私の話を、その本当に体験した話を心素直《すなお》に聴《き》いていただけるようになるまで待ちました。

そうして今、四年目の春が来たときに、こうして多くの方が真理の話を聴いてくださるようになりました。

このなかで、義理で来られた方は一人もいないことと思います。私の話を聴いたところで、ある意味においては、この世的にはみなさまがたのプラスになることはないかもしれません。なぜならば、私がみなさまがたに常々語っておりますことは、あまりにも、この世的な生き方から離《はな》れた世界の話であるからであります。

今日は、「限りなく優《やさ》しくあれ」という演題を選んできました。

過去、「ユートピアの原理」（『幸福の科学の十大原理（下巻）』参照）であるとか、あるいは「多次元宇宙の秘密」（『大川隆法　初期重要講演集　ベストセレクション①』参照）であるとか、かなり難しい話を関西の地でしてまいりました。今日、私がみなさまがたに申し上げたいことは、そんな難しい話ではありません。

今日は、「みなさまがたの心のなかに、そう、魂《たましい》のどこかに、神の光というものを宿したい」という願いでやってまいりました。

本日、ここにお出《い》でになるぐらいのみなさんでありますから、今、私が「神」という言葉を使ったとしても、それほどの違和感《いわ》はお持ちにならないかもしれません。「霊界《れいかい》」という言葉を使ったとしても、それほどの違和感は持たれないかもしれません。

『幸福の科学の十大原理（下巻）』（幸福の科学出版刊）

『大川隆法　初期重要講演集　ベストセレクション①』（幸福の科学出版刊）

けれども、どうでしょう。「優しさ」という言葉を使っておりますが、この言葉が、「みなさまがたが、過去、学び経験した世界から来ているのではなくて、はるかなる世界から降りてきている考えである」と私が語ったならば、その時点で、「どういうことであろうか」と思われるのではないでしょうか。

今、みなさまがたの心を開き、そうして入ってくるものを感じ取ってみてください。みなさまがたが心の窓を開くほどに、あるものが入ってくるのを知るでありましょう。心の窓を開けば開くほどに流れ入《い》ってくるもの、それは何でしょうか。それは春の暖かさにも似て、なぜか幸福な感覚を胸に宿すことになるでありましょう。その胸に宿るところの幸福な感覚は、実は、みなさまがたがいったいどのような存在であるかを示しているのです。

胸の扉《とびら》を開いてみてください。そこに流れ込《こ》んでくるものを受け止めてみてください。

なぜ、今日、この地にはるばる、八千人もの方が見えたのでしょうか。お互《たが》いに面識もない人々のはずです。そのように面識もない人々が、なぜか「来なければならない」という気持ちで来られたはずです。

それは、みなさまがたが知っているからなのです。知っているのです。「何を求めなければならないか」ということを。「何を感じ取らねばならないか」ということを。そう、その以前に、「自《みず》ら自身が何者であるか」ということを、すでに感じ取っているのではありませんか。

私は、今生《こんじょう》のみならず、過去の幾転生《いくてんしょう》のなかで、数多くの話をしてまいりました。おそらく、いずれかの地の、いずれかの時代の私の話を聴かれた方が、このなかに数多くおられると思います。いや、はっきりと言ってしまうならば、八千人の方が偶然《ぐうぜん》に集《つど》うとは、私には思えないのです。例外なく、おそらく、このなかに座《すわ》っておられるところの全員が、いずれかの時代、いずれかの地で、わが名がそのときいかなる名であったとしても、私の話を一度ならず聴いておられると思います。

今、時代は変わり、あなたがたのなかで初めて日本人として生まれられた方も数多くいるでしょう。みなさまがたの前に立っている私も、以前、みなさまがたの前に立った姿とは違《ちが》います。その名も違います。みなさまがたも違っているでしょう。外見によっては、それを見極《みきわ》めることはできません。しかし、みなさまがたの心は、確かに何かを感じ取っておられることでしょう。

そう。今も、私の言葉がその心の扉を押《お》し開けて少しずつ少しずつ入っていっているはずです。そのなかに、温かいものが、懐《なつ》かしいものが、光に似たものが感じられるとしたら、私の内なる声が聞こえることでしょう。「久しぶりだね」という声が、「ついに会うことができたね」という声が、「あなたがたに会うまで、三十数年かかりましたよ」という私の声が、聞こえてくるはずです。

羊は、教わらなくとも自分の羊飼いを知っています。日が暮れたときに、どこに帰らねばならぬかを知っています。笛の音《ね》を聞いて、どの笛の音に従って集まらねばならぬかを知っています。

今、なぜかは知らないけれども、この神戸の地において、私の講演会があることを知って足を運んだ方は、〝私の羊〟であるのです。かつて〝羊飼い〟としてあなたがたを呼び集めたことがあるから、その声が響《ひび》き渡《わた》ってきたときに、あなたがたは行かねばならぬところがどこであるかを知ったに違いありません。聞かねばならぬ声が何であるかを知ったに違いありません。

幾度、幾度、みなさまがたに繰《く》り返してお話をしたことでありましょうか。そうして、その多くを、みなさまがたは忘れているかもしれませんが、魂の生地《きじ》のなかに、確かに確かにその痕跡《こんせき》が残っているはずです。その魂の部分でもって、私の言葉を聴いてほしいのです。

2　愛の出発点とは何か

今回、みなさまがたに話をしていることには、いろいろな内容があります。しかしながら、第一に「人間が幸福になっていく道は愛である」ということを私は語りました。

「幸福の原理」として、「愛の原理」「知の原理」「反省の原理」「発展の原理」という四つの原理を掲《かか》げ、「現代の四正道《よんしょうどう》」と語っておりますが、その第一に「愛の原理」を挙げたことを忘れないでいただきたいのです。

愛について多くのことを、過去、語ってまいりましたが、その話をいずれかの時代に聴《き》かれたみなさまが、また、その「愛」に惹《ひ》かれてお集まりになっているのだと思います。

愛の出発点は「神の愛」にあります。「神がおられ、魂《たましい》を創られ、自《みず》らの世界に解き放たれた」という、その事実に原点があります。この出発点がすべてでありま す。「私たちの魂が神から分かれてきた」ということが分からない人には、本当の愛は決して理解できないのです。

愛とは、奥深《おくぶか》く、そうして懐《なつ》かしい感情であります。親としての神が、子を創られた。その子を創られて、「愛《いと》おしい」と思われた。愛おしい子供たちに、「数限りない経験を通して素晴《すば》らしくなれ」と、「立派になれ」と「光り輝《かがや》け」と願われた。それがすべての出発点であります。

このことを語るのに、何一つの証明は不要です。それは、みなさんは心の奥深《おくふか》くでこの事実を知っているからです。知りたくば、心の奥深くを見つめればよいのです。

アメーバが数億年たったら、この会場に集まって私の説法《せっぽう》を聴くようになるとお思いですか。アメーバから進化したものが、真理の話を聴いて感動するとお思いですか。そんなことはありえないことです。

みなさまがたは〝タンパク質の塊《かたまり》〟などではありません。みなさまがたの本質は魂であり、「魂は何からできているか」というならば、「神の愛」からできているのです。

愛は、その姿として光に変わることがあります。愛は光として顕《あらわ》れ、光が愛として顕れることがありますが、これが、みなさまがたの本質です。

だからこそ、だからこそ、さまざまな方が、目に見えぬ世界を語り、目に見えぬ神を語っても、それを信ずる人が出てくるわけです。数多くの人がそれを信じます。目に見えず、手に触《ふ》れることができないことを――。

そうです。信仰《しんこう》とは、この「愛の原点」に気づくことであるのです。みなさまがたが、神によって創られ、その本質が愛であるということに気づくこと。これが「信仰の出発点」であるのです。

「どこか遠くにあるものに祈《いの》れ」と言っているのではないのです。「はるか地球圏《けん》外《がい》にあるところの存在を拝《おが》め」と言っているのではないのです。

その心の内を見よ。
そこに愛の光が見えるか。
その愛の光が見えたところが、
そこがあなたの信仰の出発点であるのだ。

それは、自分の本質が愛であることを知ったときに、
まっしぐらに神に向かって突《つ》き進んでいくことを要請《ようせい》するものなのです。
だから、私はいつも繰《く》り返し繰り返し言っています。
「己《おのれ》の内を見つめよ」と。「その内にすべてのものがある」ということを――。
「神よ、神よ」と言って周りを見渡《みわた》すことは必要ではない。
心の内を見たときに、

己の本質を見たときに、
己が何者であるかが分かるであろう。
何者であるかが分かったならば、
すなわち、子が子であることを知ったならば、
「あなたが誰《だれ》の子であるか」を、
「親がいったい誰であるか」を知ることができるでありましょう。
それを「信仰」と呼んでいるのです。
ごく当然のことを。
人間が人間であるところの当然のことを。
人間が霊的《れいてき》なる存在であるならば当然であることを――。

3　現代に生きている人間としての義務とは

しかし、あなたがたの多くは、そういう真理の話を聴《き》いたときには「なるほど」と思うことがあっても、家に帰り職場に帰ったときに、周りの人たちの言葉を受けて、不思議な感慨《かんがい》に耽《ふけ》ることがあるでしょう。「自分だけが特殊《とくしゅ》な人間であるのか」という、そのような気持ちです。周りには、軽々しく神の存在を否定し、霊《れい》の存在を否定し、享楽《きょうらく》のみの人生を生きている人が多くありすぎます。

しかし、私はあなたがたに言う。「周りの人々が病気に罹《かか》っているならば、あなたがたも病気に罹らねばならない」という理由があるか。「周りの人たちが心の病《やまい》に罹っているからといって、あなたがたも心の病に罹らねばならん」という必然性があるか。そんなものはありはしない。

今の時代には、間違《まちが》った「唯物《ゆいぶつ》主義」という〝伝染病《でんせんびょう》〟が流行《はや》っております。これは〝心の病〟です。この病に罹りますと、永遠の生命に陰《かげ》りができます。本来の自己の存在を否定するようなことだからです。

すなわち、霊的なる真実を言うとするならば、「自《みずか》らは神の子であり、そして霊的存在であること」を否定するということは、自殺行為《こうい》以外の何ものでもないということなのです。

あなたがたは、自殺する人を見て「素晴《すば》らしい」と思いますか。そんな人の仲間に加わりたいと思いますか。「君が自殺するなら、自分もする」と言いましょうか。そんなことはないでしょう。

しかし、その最も大切なものを捨て去り、己《おのれ》の真実の命を土くれに帰《き》そうとする思想に賛同する人たちの言葉に迷ってはなりません。

彼らの心は病《や》んでいるのです。病んでいる人たちに「正しき生き方」を、「健康なる、健全なる、人間の魂《たましい》のあり方とはいかなるものであるか」を教えることこそ、病んでいない、ごく正常な人間の仕事ではないでしょうか。私はそう思う。

あなたがたは、はっきりとした自覚を持たねばならん。「どちらが病んでいるか」ということを——。そして、自信を持たねばなりません。「自らが健全である」ということを、「その考えにおいて、人間が自然に持つべき考えを持っているのだ」ということを、「よき思想を持っているのだ」ということを、「よき信条を持っているのだ」ということを、誇《ほこ》りに思わねばなりません。

信仰《しんこう》から伝道という話を数多く始めました。けれども、「伝道」という言葉を、特殊な世界の言葉だと思ってほしくないのです。

そこに心が病んでいる人があるならば、その病んでいる理由を教えてあげることが伝道であるのです。「なぜ、あなたはそのような不健全な生き方をしているのか」ということを知らせてあげることが伝道なのです。それが健康なる人間の義務ではありませんか。

〝魂の伝染病〟に罹った人がこんなに多い時代は、そう多くはありません。私の記憶《きおく》には、そういう時代は、今から一万年以上昔の「アトランティスの時代」の末期、そのときしかありません。それ以後、一万年近く、これほどひどい時代はありません。

いつの時代も、神そのものを抹殺《まっさつ》しても平気な人間が横行できるところまでは行きませんでした。神を信じない人はいたことはあるけれども、やはり少数派であったのです。やはり変わった人たちであったのです。その変わった人たちが幅《はば》を利《き》かせているのが今日《こんにち》の現状であります。

時代がそうであるならば、この時代を変えていく以外に道はないのであります。われらは時代の子であります。この時代に生きている人間として、同時代に生きている人間として、なすべき義務とは、同時代を変えていくことであります。

私たちは過去の時代を変えることもできなくば、未来の時代を変えることもできません。私たちにできるのは、この同時代を変えていくということです。健康な心を持った人たちで満たすということは、同時代に生きている私たち以外に、それができる人はいないのです。できる人たちはいないのです。さすれば、そこに私たちの仕事があるのです。

4　真に「優《やさ》しい男性」「優しい女性」を目指して

男女を分けられた神の心とは

「では、いかなるかたちによって同時代を変えていくのか。この時代を変えていくのか。その方法を知りたい」と、あなたがたは問うでありましょう。「どうすればよいのか」と、そう言われるでしょう。

私が今日、申し上げたいことの一番目は、「家庭愛」なのです。「まず、みなさまがたの家庭から変えていくことが第一歩ですよ。隣《となり》の人ではなく、自《みずか》らの家庭のなかから始めていくことが第一歩ですよ」、これを知らなくてはなりません。

今、世の中は非常に変わった方向に流れてきております。

日本の女性たちの多くの心も病《や》んでまいりました。アメリカとかヨーロッパの女性たちの生き方を見るにつけ、聞くにつけ、次第《しだい》しだいに病んでまいりました。〝伝染病《でんせんびょう》〟がうつってきているのです。かなりのところまで入り込《こ》んできました。しかし、これは何とかして食い止めねばなりません。

その〝伝染病〟の根源はいったい何であるかといいますと、「男女を競《きそ》わせる」という考え方であります。その前提として、「男女平等」の考え方があります。「男女は魂《たましい》において平等だ」というのは、そのとおりです。しかし、平等であるということは、「男性と女性の現れ方に違《ちが》いがない」ということではないのです。「平等である」ということは、「女性が男性になり、男性が女性になる」ということではないのです。

そう思うということは、男女を分けられた神の心に反しているのです。「何ゆえに男女を創られたのか」、それを考えねばなりません。

それを自分たちの考え方で、「男女があることはおかしい。一つの性であるべきだ。一つの種類の生き物であるべきだ」と思うならば、これはたいへん傲慢《ごうまん》なものの考え方をしていることになります。ここが、実は大きな間違いの出発点であるのです。

女性たちは、もっと魂の尊厳を知らねばなりません。霊的《れいてき》なる喜びを知らねばなりません。「心の幸福とは何か」を知らねばなりません。

見よ、あのアメリカの地を。どれほど家庭を破壊《はかい》する人たちが増えているか。二人に一人は離婚《りこん》し、子供たちは非行に走り、成人してから、また、まともな家庭を営《いとな》めない子供たちばかりが出てくる。親のまねをするからです。親が家庭破壊者であるから、子供も自分が成人してから同じことをしております。どんどん悪くなっていきます。

その根底にあるものは何ですか。

女性たちよ、間違ってはいませんか。魂を売ってはいませんか。どこに売っているか。お金と肩書《かたがき》です。これに売っている。

男性たちも、そのなかでまみれています。お金や地位のなかでまみれています。

泥《どろ》まみれになっています。そして、ついに女性たちもそのなかに入ってこようとしています。まみれようとしています。悲しむべき現実であります。

お金を持って死ねるわけではありません。名刺《めいし》も持って還《かえ》れません。当然のことです。

そして、還ったときに、この世を去ったときに、「あなたはいったい何をしたのか」と問われたときに、語るべきことが何もない人ばかりです。悲しいことです。

もっともっと、真の「魂の喜び」とは何であるかを知らねばなりません。魂を売ってしまってはなりません。

むしろ、そのような社会のなかにおいて、男性たちの多くが魂を泥まみれにして、この世的なる生き方をしているときに、それを救うのが女性たちの仕事ではないのか。あなたがたの仕事ではないのか。なぜ、その聖なる仕事を放棄《ほうき》した。その罪は重い。

あなたがたは目覚めなければなりません。「男女が平等である」ということは、

「魂において同じ値打ちがある」ということであり、それは「現れ方が同じ」ということではない。同じであるならば、違った性に現れてくる必要はないのです。

たとえて、分かりやすく言いましょうか。

コーヒーと紅茶があって、「コーヒーと紅茶は、その価値において平等である」ということはどういうことであるかを考えてみてください。

たとえ、コーヒーを好む人が人類の三分の二いようが、四分の三いようが、それは紅茶の値打ちを下げるものではありません。コーヒーはコーヒーとして、その深い味わいと、香《かお》り、コクのなかに、その本質があるのであり、紅茶は、そのまろやかさ、透明感《とうめい》、軽《かろ》やかさ、その香りに味わいがあって、好みの差はあっても、「どちらが上、どちらが下」というのはないのです。

しかし、紅茶のなかにコーヒーを入れてごらんなさい。飲めますか。コーヒーのなかに紅茶を入れてごらんなさい。飲めますか。飲めないでしょう。

それぞれのよさがあるのです。それを発揮しなくてはならないのです。

こういうところに間違った考えが出ています。

また、日本のなかの進歩的女性にも、そういう考え方に毒されてきている人は数多くいます。それに騙《だま》されてはなりません、断じて。

その原因は、現代が知識社会になってきていることも一因であります。知識社会であって、「知によって男女が測られる」と思っている、そういう考えがその一端《いったん》にあります。

しかし、言っておきます。真の知は、そのような差別化のためや、競争や優劣《ゆうれつ》のためだけにあるのではないのです。人によっては、知を磨《みが》くことによって冷たくなり、他人《たにん》との区別に熱中する人が出てまいりますが、知が高まれば高まるほどに優《やさ》しさが増してくるのが本当なのです。

ところが、その、知識の世界において〝研鑽《けんさん》を積んだ女性たち〟の顔を見てごらんなさい。目は〝三角〟です。そして、どうでしょう。男性にもないようなきつい顔立ちをしています。女性なるものの誇《ほこ》りを捨て去った結果であります。こんなことであってはなりません。

男女の魂《たましい》の根本《こんぽん》にあるものについて

まず、「男女というものは、本質において平等であっても、役割において違いがある」という認識が根本《こんぽん》の認識であるのです。

そして、「男女は競《きそ》い合うものではなくて協力し合うものである」ということを知らねばなりません。協力し合って生きていかねばならないものなのです。それぞれに、女性は女性として尊く、男性は男性として尊く、それぞれの長所を尊敬し合いながら、互《たが》いに補完し合って生きていくのが、その原点であるのです。同じ物差しで測ってはならないのです。それを忘れてはなりません。

特に男性の魂《たましい》は、「責任感」ということを通して、その魂が磨かれていくことになっているのです。その責任感とは何であるか。

一つには、「妻や子供たちを養っていくための経済力を持たねばならん」ということであり、その経済力の根拠《こんきょ》は、「仕事が十分にできる」ということであります。また、「家庭を外敵から護《まも》るために雄々《おお》しく戦う」ということでもあります。

この責任感が、実は男性を伸《の》ばしている力なのです。これを取り去ったときに、男性は男性でなくなるのです。それは、犬に対して「猫《ねこ》になれ」と言っているのとまったく同じことであるのです。家庭に対する、そして、社会に対する責任感こそが、男性なるものの魂の出発点であるのです。それを阻害《そがい》するような考え方は、魂を生かす方向ではありません。よいですか。そういうことなのです。

そして、「女性なるもの」の魂の本質は何であるか、どこにあるか。

その根本にあるものは、この世界を「調和」させようとするエネルギーなのです。この調和のエネルギー、これが、「女性なるもの」の魂が出しているもののいちばん大きな力であるのです。

その出発点は家庭にあるのです。「家庭を調和させていく」という、この力が出発点であって、これから社会の調和が始まっていくのです。

女性が、この「調和させる」という使命を、聖なる使命を捨て去ったときに、その社会は、その国は、下り坂に入っていきます。今のアメリカがそうです。ソビエトもそうです（説法《せっぽう》当時）。女性が聖なる使命を放棄したときに、国はそのピークを通り過ぎ、そして、下り坂に向かってまいります。

断じて、ここ（男女の魂）に大きな違いがあるわけではないのです。役割の違いがあるのです。そうして、家庭のなかで夫であろうが妻であろうがどちらがやり遂《と》げた仕事であっても、結果として出たその事業は共同のものであるのです。同じ値打ちがあるのです。

一例を挙げましょう。みなさんがご存じの宗教改革家に、ドイツに出たマルチン・ルターという人がおります。ルターの生涯《しょうがい》がいかほど激しいものであったかは、みなさん、ご存じでしょう。既成《きせい》の教会の権力と戦って、一人立ち、獅子《しし》吼《く》をし、獅子《しし》奮迅《ふんじん》の活躍《かつやく》をしたルターであります。

その外見は鬼気《きき》迫《せま》るものがございましたけれども、彼のなかには優しい心がありました。

　そして、彼は言っています。

「このドイツの国を私にくれると言われても、私は、それよりも、優しい妻がいる家庭を選ぶ」と言っています。あのルターにして、あの激しいルターにして、家庭の人であったのです。愛の人であったのです。

「家庭の安らぎこそ最高の価値である」と言いました。「その優しい妻がいるところに私は帰る」と、彼は言いました。「それが、私のこの世における仕事のエネルギーの源泉である」と、彼は言いました。「国をくれる」と言われても、「世界をくれる」と言われても、「嫌《いや》だ。要《い》らない。私には優しい妻がいる家庭があればよい。その家庭があるかぎり、私は戦い続けることができる」と、彼は言いました。

　その妻の名を知っている人はまずいないでしょう。しかし、彼女のその仕事の値打ちはどうでしょう。それが一万人の男性の僧侶《そうりょ》たちの仕事より劣《おと》るでしょうか。それが全ヨーロッパの兵隊たちの力より劣るでしょうか。そんなことはありません。

あのルターを強くしたのは、その奥《おく》さんの優しさであったのです。その愛であったのです。それで戦ったのです。それを、全キリスト教会を変えていくエネルギーとして戦っていたのです。

それは素晴《すば》らしい仕事であります。一人の勇者が出て、英雄《えいゆう》が出て、世界を支えんとするときに、その勇者を支える女性ありとすれば、この女性たるや、いかなる値打ちを持っているか、お分かりでしょうか。ものすごい力です。ものすごい仕事です。大変なものです。

ヘラクレスが地球を持ち上げるときに、そのヘラクレスを支えているものがあるとすれば、その支えたるや絶大なるものです。神の力にも似たものであります。

女性たちよ、聖なる仕事を捨ててはなりません。それは無名のものかもしれない。しかし、女性の徳とはそういうところにあるのです。

優《すぐ》れた女性たちが、自己顕示《けんじ》のままに、自己顕示欲のなかに生きていったときに、その徳は滅《ほろ》びていきます。消え去っていきます。そこに残るのは、ただ「一人の人間が、何がしかのことをして死んでいった」という事実だけであります。それだけのことであります。それは、男性であろうが女性であろうが、その性別も問わない、一人の人間が生きたということであります。

しかし、「女性にはそれだけの大きな力が与《あた》えられている」ということを忘れてはなりません。

また、男性にあっては、家庭のなかにおいて模範《もはん》的なる存在でなければならないことは言うまでもありません。外でだけ素晴らしい人であって、その内において、家庭において素晴らしくない男性であるならば、尊敬に値《あたい》しません。「外なる仕事というものが内なる犠牲《ぎせい》の下《もと》に成り立っている」というならば、尊敬に値するほどの仕事ができる人であるとは、とうてい言いがたいのであります。

強き男性であるからこそ、優しさというものが溢《あふ》れてくるのです。強くなければ、真に優しい男性とはなれないのです。その強さとは何か。「責任感」に裏打ちされて、「この世の中において自らの命を燃やさん」とする仕事のなかに発揮される強さでしょう。その強さあってこその優しさであるということを忘れてはなりません。男性が優しくなるということは、女性化するということでは断じてありません。そんなことではないということです。

そして、また、真に優しき女性とは、勇気のある女性でもあります。夫がいかなる苦難・困難のなかにあっても、それを支え、励《はげ》まし、そして、偉業《いぎょう》をなさしめるのは妻の力であります。ここに要求されるのは「勇気」なのです。

勇気ある女性こそが、また優しいのであります。優しさとは、「弱々しい」「女々《めめ》しい」ということではないのです。勇気ある女性が優しいのです。優しさとは、逆に人間を強くしていくものであるのです。それを忘れてはなりません。

実在界の女神《めがみ》たちの姿を見るにつけて思うこと

多くの女性なる魂に言っておきましょう。

私は、特別な能力を持っている人間として、「実在界」といわれる、この世界を超えたところによく行くこともあり、いながらにして、その世界を見ることもできます。

そこで見る最高の女性霊たちの姿を、その女神《めがみ》たちの姿を見るにつけて、「彼女たちは、たとえ地上に生まれ変わってくることがあっても、男性になろうとはしない」と私は思います。彼女たちが生きているその世界の優雅《ゆうが》さ、素晴らしさ、美しさ、これは女性でなければ絶対に味わえない。その喜びのなかに生きています。その女神たちの輝《かがや》くばかりの幸福感と喜びを見たときに、彼女たちが地上に出て「男性に取って代わろう」などと思うとは、絶対に思えないのです。

女性霊なるものが地上に出て、そして、男性と競い合い、「男性を押《お》しのけてでも、そういう立場に立ちたい」と思うということは、それはこの世的に見て、優れた女性に見えるかもしれないが、霊的に見たならば、「男性霊の下《した》につく」ということなのです。その進化は後《おく》れるのです。本来の女性のあり方より、もっと後れてしまうのです。

女性霊は、長年の転生《てんしょう》の過程において、女性なるものの優美さと、その素晴らしさ、調和の心、安らぎの心、美しき心を培《つちか》ってきたのです。

これを捨てて男性原理のなかに入り、男性を凌《しの》ごうとするということは、その進化の過程を捨てて、「男性霊の下につく」ということであり、その優れた女性たちが、「男性たちのなかのいちばん初歩のグループのなかに入る」ということなのです。魂の進化において後れるのです。明らかに後れてしまうのです。男性たちが何千年、何万年かかって男性の魂の修行《しゅぎょう》をしてきました。その途中《とちゅう》で入ってくるので、後れてしまうのです。これを注意しておかねばなりません。

これは、決して、女性に「職業を持つな」と言っているのではないのです。そういう仕事もあります。必要もあります。現代の日本では、七割がたの女性たちがそういう仕事に何か就《つ》いております。

ただ、どのような環境《かんきょう》にあっても、その違いというものを心得《こころえ》て、女性なるものの素晴らしさを最大限に発揮しようとして生きていかなければ、魂的にはこれは後退であるということを、私は言っているのです。

男性になろうとしてはいけないのです。これは魂の後退であります。かなり進んだ女性霊が、これで魂的にはかなり下のほうの男性のグループに入るようになってくるのです。

今世《こんぜ》では、それでも成功に見えます。しかし、この世を去ってから大変なことになるのです。「大いなる後退であった」ということに気がつくようになってまいります。

そして、女性の男性化する社会は、同時に男性の女性化する社会であります。それは、先進国といわれる社会のなかで、見てのとおりであります。そういう魂たちも、やはり退化なのです。魂が退化してきているのです。

それを、流行《はや》りだとか流行だとかいうことにとらわれて、そのなかに呑《の》まれ、そして、惹《ひ》きつけられるようであってはなりません。そんなものは真なる自由ではありません。「堕落《だらく》の自由」と申します。

本当に世界を救っていく道とは

私たちは、魂自体の尊厳を持って、己《おのれ》の魂をさらに磨いていかねばなりません。過去のステップを生かし、そして、さらに高度なるものをつくっていかねばなりません。

家庭のなかの大調和が出発点であります。ここにユートピアをつくることです。そして、子供たちも出てくるでありましょう。子供たちと共に素晴らしい世の中の建設のために生きていくことは、小さく見えるかもしれないが、これが大きな大きな力であるのです。決して、〝進んだ〟といわれる他の国のように、家庭を乱し、そして、社会を混乱に陥《おとしい》れてはなりません。私たちは、しっかりと家庭の調和を護っていかねばなりません。これが私たちの「人生学校」のなかの大きな部分であるということは、決して忘れてはなりません。

ここで大事な心掛《こころが》けは、「信ずる心」であります。「信頼《しんらい》する心」であります。あなたがた神を信ずるように、「妻を信じ、夫を信ずる」ということが大事なのです。神を信ずることができる人間には、自分の伴侶《はんりょ》を信ずることはたやすいことでありますそのなかに善なるものを見いだし、そのなかに神の恩寵《おんちょう》を見いだすということは、そう難しいことではありません。

信じ合い、そして、調和した家庭をつくるなかに、そこに大きな光が出てまいります。これを「光の出城《でじろ》」といいます。この光の出城、これをつくるのです。ここから出発していくのです。よいですか。足元を固めていかねばなりません。

妻と夫が互いに競い合い、お互いの長所を削《そ》ぐようなことがあっては断じてなりません。親と子においても同じであります。これも、また同じく、互いを生かし合う関係をこそ選ばねばなりません。

そうして、この男女調和の道、家庭調和の道、家庭ユートピアから始まっていくものこそが、本当に世界を救っていくものへと変わっていくのであります。

ですから、私は、この真理の道も同じであると思うのです。みなさんのなかには、ご自分一人、ご主人一人、奥様一人、あるいは、逆に、ご両親はまだで、お子様だけが幸福の科学の会員になっておられる方もいらっしゃるでしょう。けれども、私は思うのです。一人行くよりも、共に行くほうがこの旅は素晴らしいのです。

「夫婦《ふうふ》共に相和《あいわ》し、真理の下《もと》に生きる。そして、親子ともども、真理家庭を築いて進んでいく」ということこそが、やはり第一歩であるのです。そのような家庭が地に満ち満ちてきたときに、その社会から、国から光が出てくるのです。

家庭のなかに信仰《しんこう》がある一家には光が出ています。みなさんは、それを信じることはできないでしょうか。霊天上界《てんじょうかい》から見ますと、その家から光が出ているのです。地上を見下ろせば、数限りない家がありますが、そのなかで、光が出ている家があるのです。そこは、必ず、神の心に適《かな》った生き方をしている家庭であるのです。そのなかで夫婦が調和し、親子が調和し、真理を学び生きている、そういう家庭から光が出ているのは、見れば分かるのです。こういう家庭を築いていかねばなりません。

そして、見渡《みわた》すかぎり、そのような光の溢れた家庭を日本国中につくっていくことこそが、また、幸福の科学の仕事でもあるのです。（演壇《えんだん》の前の花を指して）目の前を見てください。さまざまな色とりどりの花が咲《さ》き誇っているではありませんか。これを「素晴らしい」と、やはり、みなさんも思うでしょう。私もそう思います。「花一輪よりも素晴らしい」と思うのです。「こういう国こそ理想国家である」と私は信ずるものであります。

今日は「限りなく優しくあれ」という話を、ごく身近な小さなところから説いてみました。

しかし、その家庭ユートピアができない人は、「真理の修行者として、まだまだ未熟である」ということを深く反省しなくてはなりません。

今日、家に帰られたら、まず、「家庭のなかを光に満たす」ということから始めてください。そして、みなさまがたの家庭が理想的な光に満ちたものとなるならば、隣の人にも友人にも当然広がります。広げられます。当たり前のことです。そうであってこそできるのです。

今日、私の話を聴《き》かれた方は、どうかこれを忘れないでください。家に帰ったら、「共に真理に生き、光に満ちた家庭にしていこう」と、「神様の目から見て光っているような、そんな家庭にしよう」と強く強く願っていただきたいのであります。

今日は、難しい話はいたしませんでした。ごくごく易《やさ》しい話をいたしました。しかし、易しい話ではあるけれども、その本質にはかなり難しいものがあるということを、どうか深く魂の肝《きも》に銘《めい》じていただきたいと思います。

何事かを学んでいただければ幸いであります。ありがとうございました。

第2章

人生の再建

一九九〇年五月二十日　説法《せっぽう》
広島県・広島サンプラザにて

1 「恨《うら》み心で恨みは解けない」の真意

何人《なんぴと》も逃《のが》れることができない「心の世界の法則」とは

この広島には、私は実に二十年ぶりにやってまいりました。そして、昨日《さくじつ》、飛行機で降り立ちまして最初に感じましたことが、誰《だれ》か一人ではありません、大勢の人たちが喜んでいるのです。非常に喜んでいるのを感じました。この地は、おそらく、本当に真理というものが必要な土地なのだろうと思います。

最初からこういう話をするのは多少気も引けますけれども、実を言いますと、空港に降りて、それから車で移動している間にも、はるかなる上空のほうから喜んでいる人たちの声が聞こえたのです。

それは、この地を中心にして、数多くの方が今から四十数年前に亡《な》くなったわけでありますけれども、まだ多くの人たちは十分に救われていないままになっていることもあるということです。そのために、天上界《てんじょうかい》の多くの光の天使たちが、まだまだこの地で一生懸命《いっしょうけんめい》に働いているのです。ほかの所よりも、もっと大変な仕事のようであります。

ですから、こういう地で真理の話ができるということは、他の地域とまた違《ちが》った大きな意味合いがあると、このように考えております。

四千人のみなさんが今は聴《き》いてくださっているわけですけれども、本日の私の話を聴いているのは、みなさんだけではありません。本日、私の話を聴きに来ている方は、目に見えぬ世界からも数多くいらしています。そうした人たちへの祈《いの》りも込《こ》めて、今日の「人生の再建」という話をしてまいりたいと考えます。

この「人生の再建」というテーマで私が語りたいのは、いったい何であるか。結論をまず最初に申し上げるとするならば、「不幸もあるでしょう。失敗もあるでしょう。挫折《ざせつ》もあるでしょう。しかし、どのような境遇《きょうぐう》からでも、幸福への出発というのはありえる。それを考えてみようではありませんか」ということであります。

これを題して、「人生の再建」と称《しょう》したいと思います。

まず、いちばん最初に申し上げておきたいことがあるのです。それは、特にこの地であるからこそ、まず言っておかねばならないことでもあります。

仏教のなかに、「恨《うら》み心で恨みは解けない」という言葉がありますが、この一行の文句《もんく》、これ自体が分からない人が数多くいらっしゃいます。

自分が今、苦しみのなかにあれば、悲しみのなかにあれば、病気、挫折、そういうなかにありますと、どうしても、自分以外の何かのせいにしてみたいという気持ちになるのであります。

その、自分以外の何かのせいにしてみたいという気持ちが、単に「自分の本来あるべき姿」からの逃《に》げた姿勢だけであるのではなく、もっと積極的に「他の人を恨む」という感情を持っている方がいらっしゃいます。ここにも数多くいらっしゃいます。

例えば、原爆《げんばく》という、理不尽《りふじん》とも言えるような、そういう攻撃《こうげき》によって、一瞬《いっしゅん》にして十万人、あるいはそれ以上でしょうか、それだけの方が亡くなり、また、重い病気のままに生きている。こうした方々の身内の方、遺《のこ》されたご子孫《しそん》の方は、心穏《こころおだ》やかでないと私は思います。そのなかに、はっきり言えば、この「恨み」という言葉に近い感情を持っている方もいらっしゃるでしょう。

理由がつかないもの、また、自分の力でどうにもならないもの。そのどうにもならないものが、自分の人生を、自分たちの人生を変えてしまった。しかも、悪い方向に変えてしまった。そのときに、どうしても許せない気持ちというものが湧《わ》いてきて、そして、思わず知らず、そうした行為《こうい》をした人を恨んでしまう、国を恨んでしまう、そういう気持ちになってしまうことがあります。

ごく自然な情と言えばそれまでであります けれども、しかし、まず最初にここから言っておきたいのですが、そのような思いをもってしては、決して幸福になることはできないのです。成功することもまたできないのです。

なぜであるか。それがお分かりでしょうか。

自分の心の傷、自分たちの心の傷、それをストレートに吐《は》き出しているだけであるならば、それで胸の内はすっきりとするような気持ちになるわけでありますが、その実、そういう心でもって生き続けているということは、自分自身の魂《たましい》が、知らず知らず、毎日毎日、「砒素《ひそ》の毒」とでも言うべき毒素を飲み続けていることになっていくのです。

正義の観点から言って、自分の思いは正義であると思うかもしれませんが、残念ながら、いかなる理由がそこにあるとしても、実は、心の世界には一定の法則があって、この法則は何人《なんぴと》もそこから逃《のが》れることはできないのです。「人を恨むことによって、絶対に幸福になれない」ということになっているのです。

それは、その思いには、その本質を突《つ》き詰《つ》めたならば、「相手を不幸にしたい」という気持ちがあるからなのです。いかなる理由に基《もと》づくにせよ、「他の者を害したい」という思いは、神の心に反した思いであるのです。その思いは、単に相手に届くのみならず、必ず自分自身に返ってくるようになっております。それが法則であるのです。

この宇宙には、一本のしっかりとした価値基準とでも言うべきものがあります。そこに一本の柱があります。この黄金の柱のなかで、考え、行動している人たちには、無限の進歩、進化というものが許されておりますが、この黄金の柱、チューブのなかから出た人々の思いや行動は、決してその人の魂の進化に役立つようにはなっていないのです。

ちょうど、宇宙船から飛び出して、そして命綱《いのちづな》が切れて漂《ただよ》うかのごとく、進みたいほうに進めなくなってくるのです。そういう事実があります。

敵・味方を超《こ》えた心を示したオーストラリアの人たち

しかし、先ほど、恨みという話をいたしましたけれども、逆の考え方もあります。

同じく、今から四十五年余り前のこと、オーストラリアはシドニー湾《わん》の海のなかを二人の日本人がまっしぐらに進んでおりました。特殊潜航艇《とくしゅせんこうてい》といわれる小さな潜《せん》水艦《すいかん》です。それは、その潜水艦の前に爆弾《ばくだん》を仕掛《しか》けた潜航艇で、ハッチを閉められると、もうなかからは出てくることができません。神風《かみかぜ》特攻隊の潜水艦版です。

シドニー湾を、そのなかに入って港に向けて進んでいた二隻《せき》の潜航艇がありました。一隻は、残念ながらその目的を達することなく、事故により、海底でそのまま動かなくなってしまいました。もう一隻は、進み続けて湾内にあるオーストラリアの船の底に〝命中〟いたしました。そして、その乗組員も死にましたが、貨物船(軍船)自体も大破し、沈《しず》んでしまいました。

けれども、オーストラリアの人たちは、それをどう見たかと申しますと、驚《おどろ》いたのです。自分たちの船が沈められたという事実、それだけではなく、自分の命を懸《か》けて勇敢《ゆうかん》に突進《とっしん》してくる、そういう兵士がいたということに驚いたのです。

そして、彼らは、その〝無名戦士の記念碑《きねんひ》〟を勇敢な日本人のために建てました。自分たちが貨物船を沈められたということではなく、命を賭《と》してやってきた人たちの、その兵士たちの心を思うときに、頭が下がったというのです。

ここには、善悪とか、正義とか、そういうものを超《こ》えた何かがあるように思います。損得とか、敵・味方とかいうものを超えた何かがあります。

オーストラリアという国は、今、日本とは非常に関係はいいわけですけれども、昭和四十年ごろまではあまりよくなかったところなのです。あまり対日感情はよくなかったのです。そういうところでも、このように記念碑を建てるということが行われました。日本人に対してではなく、国に対してではなく、そうした個人に対して、彼らは感動を覚えたわけなのです。

そこに一つの考え方の違いのようなものを私は感じました。何か個人の利害を超えたもの、相手の人間性を思いやる心があるように思えたのです。

不幸な過去だけにこだわりすぎてはいけない理由

こうしたテーマは考えれば数限りなくあり、それぞれについて、いちいち説明をつけること、また、人々を説得することは難しいものがあります。

今、お隣《となり》の韓国《かんこく》から大統領が見えるということで、国内もいろいろと騒然《そうぜん》としております。そのときに来られる大統領の方も、「過去の日本の侵略《しんりゃく》行為について、もっと明確に詫《わ》びてほしい」ということを言っておられます。

これなども、いろいろな見方はもちろんあるでしょう。日本の立場から言えば、そういうふうに表明することも、それはそれでまたありましょうが、そのなかに一つだけ、私にはやはり引っ掛かるものがあるのです。

それが、先ほど言いました、「恨み心で恨みは解けない」という、この部分であるのです。変えることのできない過去、それ自体にこだわって、この過去を変えさせようとすることは非常に難しいことであるのです。

やはり、起きてしまったことに対しては、どのような評価をそれに下《くだ》し、それをどのように今後に役立てていくかという教訓の面では過去は役立ちますけれども、心の思いのなかの憎《にく》しみとか恨みとかいうものは、実は、時間を超えて、いつも

「現在」しかないのです。「過去」のものにならないのです。現在自体のものとなるのです。
ですから、そういう思いを持っていますと、どうしても幸福な方向に向いていか
ないのです。これが大変な、また、人間がなかなか分からない事実であるのです。
また、例を挙げますと、インドという国があります。この国は、元来、紡績業《ぼうせきぎょう》が
非常に盛《さか》んな国でありました。綿花がよく採れますから、紡績が盛んな国でありま
した。
しかし、イギリスの植民地になりました。イギリスは、インドから、綿花である
とか、あるいは、紅茶のもとになる葉っぱというものを買わなければなりません。
このために外貨の支払《しはら》いが必要ですから、何かの製品をインドに買わせなければな
らなくなった。そこで、イギリスという国は、インドの紡績業を潰《つぶ》してしまったの
です。潰してしまった。そして、自分たちのつくった綿製品をインドの人に買わせ
て、彼らには綿花を売ること以外はさせなかった。紡績職人たちの腕《うで》まで切るよう

なことを過去やっております。

それが実は、現代、インドが近代化に成功しないで、いまだ停滞《ていたい》している一つの理由であることは確かであります。そのときに産業化できなかったのです。

ただ、思うのです。今、インドという国の人たちがその事実をどう考えているかは、私には分かりません。しかし、それから後《のち》、すでに独立して四十年、五十年の歳月《さいげつ》が過ぎました。その間《かん》、もしそういう過去の事実だけにこだわっているとするならば、今後もインドという国が近代化していく可能性はおそらくないであろうと推定されるわけであります。

やはり、インドという国を近代化させていくためには、そのなかに働いている人たちが、過去は過去としてけじめをつけて、企業家《きぎょうか》精神を発揮し、頑張《がんば》っていく以外に道はないのです。

同じことは、中国という国にもありました。中国という国は、戦後、近代化に乗り遅《おく》れてしまいました。最初の毛沢東《もうたくとう》の時代、「なかなか生活が豊かにならない理由は、前の時代に日本が侵略をして中国に壊滅《かいめつ》的な打撃を与《あた》えたためである。そのために、君たちは今貧しいのだ。だから、日本という国を恨まねばならんのだ」というようなことをやっておりました。

最初、人々はそれを信じておりました。しかし、一九七〇年代後半に入ってきますと、人々はそれを信じなくなってまいりました。なぜならば、同じ〝中国人〟であるのに、台湾のあの発展はどういうことなのだろうかと。台湾に働いている人も同じ〝中国人〟です。大陸にいる人も同じ〝中国人〟です。しかし、台湾と中国の一人当たりのGNP（国民総生産）は十五対一、あるいはそれ以上に開《ひら》いています。一人で十五倍のGNPを出すとは、いったいどういうことなのだろうか。

あるいは、香港《ホンコン》という都市があります。その香港は、イギリスに支配されているわけですけれども、非常に発展しています。これも今世紀（二十世紀）末に返還《へんかん》しなければならないことになりますが、香港というところに住んでいる中国人たちは、次々と今、国外脱出《だっしゅつ》を図《はか》っています。カナダとか、そういう国に国籍《こくせき》を取って、そして、事務所だけを香港に移すという、こういうことを次々とやっております。同じ中国人です。その彼らが、一九九七年以降、本土と合併《がっぺい》されることを恐《おそ》れています。

そこにあるものはいったい何であるか。それは政治そのものです。「政治が成功したか失敗したか」という問題が、そこにあります。それで、遅《おそ》まきながら中国も近代化というものを始めていきました。一九七〇年代の後半からです。経済改革を始めました。過去は言い訳にならないのです。

2　第一の方法――「マイナスの思い」を止める

今、自分が幸福でない原因を、自分以外のものに求めていないか

私が言いたいことは、こうなのです。今、ここ今世紀に起きたことを、国家のレベルで話をいたしましたが、個人のレベルでも、こんなことはいくらでもあるということを言っているのです。

今、みなさんがたが成功していないとしましょう。今、幸福でないとしましょう。なぜですかと問いかけましょう。そうすると、必ず答えることができるのです。何かの理由で自分は駄目《だめ》であったということが言えるのです。

例えば、若い人であれば、「受験に失敗した。それが自分の人生を狂《くる》わせてしまった」という人もいるでしょう。あるいは、「結婚《けっこん》に失敗した」という方もいらっ

しゃるでしょう。結婚したかった人に断られてうまくいかなかった。あるいは、一《いっ》緒《しょ》に結婚生活を送ったが、すぐ破綻《はたん》してしまった。こんなことだってあるでしょう。あるいは、新しい事業を始めたけれども、わずか一年、二年で倒産《とうさん》してしまった。こんなこともあるでしょう。

それぞれの人に、その原因を追及《ついきゅう》したら、必ず何らかの答えは返ってくるでしょう。

しかし、その答えの多くは、おそらく八割か九割は、こういう真理を学んでいないとするならば、間違《まちが》いなく、自分以外のものにその原因を求めることになります。真理を学んでいない人はほとんどそうであります。

学んでいなくとも、もちろん、家庭教育その他、友人がよくて、そういう人生観でもって自己反省ができる方もいらっしゃいますが、大多数の方は、事業に失敗すれば、「あのとき、ああいう人を信用したのが失敗であった」とか、「従業員の誰《だれ》それがこういう問題を起こした」とか、「たまたまお金を借りていたところが、金利が上がった」とか、「取引先がこうなった」とか、いろいろ理由はつけますけれども、必ず自分以外のところに原因を求めます。

また、結婚したかった人が自分のもとを去った場合、それを女性ならどう見るでしょうか。相手の男性の不実を責めるでしょうか。それとも、その男性の心を惹《ひ》いた他の女性を責めるでしょうか。いずれにしても、そういう思いが心のなかにあるはずです。相手の不実を責める。いや、その人を誘惑《ゆうわく》したと思える他の女性を責める。そういう気持ちがあるでしょう。

他の人の同情を引く生き方はなぜいけないのか

しかし、こうした恨《うら》みにも似た自分のやるせない思いを破壊《はかい》的に出すだけでもっては、決して幸福というものはやって来ないのです。それは、どんどんどんどん自分を惨《みじ》めにしていく一方であるからです。

例えば、みなさん、ある人と知り合いになったといたしましょう。その人が、

「自分はこんな不幸にあるけれども、その不幸の原因は、今から十年前に自分の夫が倒産したからである。それ以後、不幸で不幸で、十年間、借金の連続で苦しみ抜《ぬ》いて……」という話をするとする。

一回目は、同情するかもしれない。二度目に会って、また同じ話を聞いたときにどうなるか。「ああ、また、こういう嫌《いや》な話を聞くんだな」というふうに思う。三度目になったらどうか。同情する気持ちから、今度はその人に対して疑問というものが湧《わ》いてきます。「なぜ、そういう気持ちでいるのだろうか。そのままでいるのだろうか。なぜ、もう一度、自分自身で新たな道を歩もうとしないのだろうか」、そういう気持ちというものが起きてくるのであります。

すなわち、過去の不幸というもの、これを抱《だ》きしめている人はどうだといいますと、結局、幸福になろうと考えていない。こう言わざるをえないのです。

それを握《にぎ》り締《し》めて、その不幸を愛しすぎているがゆえに、その人が接触《せっしょく》する周りの人々を悪い影響《えいきょう》で包んでしまうのです。他の人々がその人と会っていると、心が暗くなってくるのです。暗い心になってくる。だから、思わず知らず、足が遠のいてくるようになります。その人と話をしていると、だんだん暗くなってくる。それで遠ざかっていく。

そうすると、その暗い話をしている人はどうするかというと、「私はこんなに不幸であるのに、私のことを同情してくれる人がいなくて、どんどんどん遠ざかっていく。世の中の人はなんて冷たい人ばかりなのだろうか。誰も一片《いっぺん》の愛もないのだろうか。自分の話に耳を傾《かたむ》けてくれる人がいない。みんな遠ざかっていく」、そのように感じ、そして、さらに不幸の再生産を繰《く》り返していくようになっていきます。

これなども、心の法則を知らないがために、自分で不幸をつくり出し、悲劇の主人公になっていくタイプと言えましょう。

私は、繰り返し繰り返し、みなさまがたに言っています。

先ほどの恨みの例ではありませんけれども、「憎悪《ぞうお》」「嫉妬《しっと》」「不平不満」「愚痴《ぐち》」、こうしたものがごく自然に心のなかから出てくるとしても、それを放し飼いにしてはならないのです。

そうです。野獣《やじゅう》を放し飼いにしたように、口から出し、自分の内から出して、そして、そのままに走らせたときに、心のなかから出たところの「嫉妬」とか「猜疑《さいぎ》心《しん》」とか「不平」とか「不満」とか「愚痴」とかいう、こういう〝野獣〟は、他の人を害するだけではありません。返ってきて自分自身にも噛《か》みついてくるのです。

その事実を知らなくてはなりません。

世の中は、人間と人間との関係で成り立っています。相手を害した言葉は、必ず自分に返ってくるのです。

だから、今、人生の危機にあり、不遇期《ふぐうき》にあり、不満のまっただなかにあると思う人は、まず、いったんそのマイナスの思いというものを止める必要があります。

自分がそれを生産しているなら、不幸の思いを〝生産〟しているなら、口からそういう〝野獣たち〟を町のなかに放っているとするならば、ここに柵《さく》を下ろす必要があります。出さないようにしなくてはいけません。そうしないと、その〝野獣たち〟が、自分にも他人《ひと》にも悪いことをしていきます。まず柵をして、これを出さないようにしなければいけません。マイナスの思いを、そこでいったん止めなければいけないのです。断固として止めなければいけないのです。

過去、いかに不幸なことがあっても、それを同情してもらったところで真なる幸福は決して来ないのです。それで同情されて、もし喜んでいるならば、その人はそうした浅薄《せんぱく》な喜び、浅い薄《うす》い喜びに、その麻薬《まやく》のような誘惑に勝てなくなって、いつも他の人の同情を引くような生き方をしていくようになります。その結果はどうでしょうか。その結果、自分自身を駄目にしていくのです。

「自己憐憫《れんびん》」というのは、決してどこにも通じない道であるということを知らねばなりません。「自分は不幸である、不幸である」といくら言い聞かせても、その道はどこにも通じない道であるのです。行き止まりなのです。その先は行き止まりであるのです。それを知らねばなりません。

そうであることに、まず気づくことです。そして、こうしたマイナスの思いというものが、実は、よくよく考えてみるならば、他の人からもらいたい、奪《うば》いたいという気持ちのすり替《か》えであることが分かるのです。

結局、自分は要求ばかりしているのです。「他の人からこうしてほしい、こうしてほしい」と要求ばかりしていて、その心は貪欲《どんよく》であってとどまるところを知らず、ちょうどあの蟻地獄《ありじごく》のように、いろいろなものを吸い込《こ》み吸い込みして埋《う》まることがない。擂鉢《すりばち》地獄のようになって、何をなかに入れても埋まることがなく、常に引きずり込む一方になっているのです。あらゆるものをブラックホールのように引きずり込む一方になっているのです。

このような、蟻地獄のような心を持った人が地に満ちたら、いったいどうなるとお思いでしょうか。「あそこにもここにも、道を歩けば、パックリと口を開けた蟻地獄がある。よく見たら、それは人間である。人間の顔をしている」ということにでもなったら、どうなりますか。町のなかを歩けるものではありません。あそこにもここにも、地面から手が出ていて足をつかんで引っ張り込む、自分を引きずり込んでいく、自分から奪う、こういう人が満ちたら――。

今、イメージとして私はみなさんがたに語っておりますが、肉体を去って霊《れい》になって、みなさんがあの世に還《かえ》ったときには、そういう世界が現実にあるのです。とにかく、本当に手が出てきて、人を引っ張り込むことによって、それのみによって、幸福を得ようとしている人たちのいる世界が現実にあるのです。地獄という所に、本当にあるのです。

これは決して幸福ではありません。本人も幸福ではないが、周りには不幸しか出していません。そして、自分以外の人々が、みんな不幸になっていくとするならば、いったい誰が自分を幸福にしてくれるのでしょうか。

自分を幸福にしてくれる人は、幸福な人なのです。幸福な人が自分を幸福にしてくれるのです。救ってくれるのです。不幸な人が自分を救ってくれるわけはないのです。

実に本当は、自分自身が救われたいならば、幸福になりたいならば、世の中に幸福な人たちを増やしていくことこそが、大事なことであるのです。

そうであるならば、今、「現状の自分が苦しい」「不足に嘆《なげ》いている」「足らないことばかり、満足しないことばかり、苦しみばかりがある」と思っても、ここでその思いをいったん停止して、「いや、現在、苦しいけれども、このなかで自分のなせることは何だろうか。現在ただいまのこの満たされない環境《かんきょう》においても、自分のなせることはいったい何だろうか。何もないわけはないだろう。何かはなせるはずだ。少なくとも、世の中のためになること、他の人々を幸福にできる何かをすることができるはずだ。あの〝蟻地獄の蟻〟のようには決してなるまい。いかに自分が苦しくとも、そうはなるまい。自分がもし〝蟻地獄の蟻〟になってしまったとしても、周りの世界にも蟻地獄があるとするならば、そのなかから、命あるかぎり、声を嗄《か》らしてでも、地上を歩く人に、『足元に気をつけなさいよ。こっちに来てはいけません』と呼びかけよう。やはり、その程度の仕事であっても、してみたい」と思わねばなりません。

少なくとも、自分と同じような不幸な人を増やそうというような心は、卑怯《ひきょう》な心であります。自分が不幸であるとしても、「このような不幸は、自分一人で食い止めねばならない。断じて、ほかの人をこんな目に遭《あ》わせてはならない。こんな気持ちにさせてはならない」と、こう思わねばなりません。

そうであってこそ、他の人は蟻地獄に堕《お》ちない。そして、蟻地獄に堕ちないその人が、実は、不幸な人たちを今度は助けていくことができるのです。そうなのです。そうした幸福な人たちをつくるために、たとえ自分は、今、不幸のなかにあっても、努力せねばなりません。マイナスの思いを断《た》ち切り、そしてプラスの思いを出していく。「他の人々が幸福になる方法はないだろうか」ということを常に考えていく必要があるのです。

たとえ病人であっても、他の人を喜ばせることぐらいできます。ちょうど医者が病気であっても患者《かんじゃ》を治せるように、自分が非常に苦しい立場にあっても、自分と同じ目に遭っていない人に対しては、導きの言葉を与《あた》えてあげられるものなのです。

要するに、他の人に対して、そうしたプラスの行為《こうい》ができない人は、あまりにも自分自身のことばかりを考えすぎているのです。自分のことにとらわれすぎているのです。少しそれを止めなければいけません。関心を周りに向けねばなりません。

ほかにも大勢の人たちがいます。大勢の人たちが一生懸命《いっしょうけんめい》に生きていこうとしています。その事実に、なぜ目をつぶるのでしょうか。自分だけが懸命に生きているわけではありません。ほかにも一生懸命に生きている人がいます。そちらに目を向けねばなりません。これが大事なことなのです。

自分以外の環境、自分とは違った立場においてもまた、努力している方がいっぱいいます。こうした人たちへのまなざしを忘れてはなりません。

3　第二の方法――「研究する心」を持つ

自分の周りで研究する必要があるものとは

そうです。人生の再建のための第一歩が、恨《うら》み心、また環境《かんきょう》を呪《のろ》う心、人のせいにする心、こうしたマイナスの思いを断《た》ち切ることにあるとするならば、二番目に必要なことは「研究する心」なのです。研究する心です。

自分自身のなかばかり見ていないで、周りを見ることとです。世の中をよく見ることとです。どんな人が生きているのか。どんな問題を抱《かか》えて、どんな気持ちで生きているのか。それをもっともっと知らなければなりません。

他の人々を見てみるのです。結婚《けっこん》に失敗したのは、自分だけではないでしょう。親に死に別れたのは、自分だけではないでしょう。病気をしたのも、自分だけではないでしょう。試験に落ちたのも、自分だけではないはずです。ほかにもいっぱいいろいろな人がいます。

でも、そうした境遇《きょうぐう》にあっても、人々の歩みはそれぞれです。いろいろな歩み方をしていかれます。なぜ違《ちが》うのだろうか。それを一生懸命《いっしょうけんめい》に研究してみる必要があるのです。

そして、この研究は、主として二つの点に注意をしなければなりません。

身近にいる不幸な人をどう見るか

第一は何か。こちらのほうがより簡単です。

みなさんから見て不幸だと思える方が、必ず身近にいらっしゃるはずです。みなさんの目の届く範囲《はんい》に、耳の聞こえる範囲に、職場か家庭かどこかに、不幸だと思われる方がいらっしゃるはずです。この、自分から見て余裕《よゆう》を持って見られる人、不幸だと思える人、そういう人を見て、その原因はどこにあるか。これを知ることはそんなに難しくはありません。

まず研究してみることです。なぜその人は不幸なのだろうか。なぜいつも失敗をするのだろうか。いったい何が原因になっているのだろうか。それを考えてみるのです。幾《いく》つか理由が出てまいります。そのなかでいちばん中心になっている原因は何だろうか。それを考えてみる。

事業でいつも失敗ばかりしている。「それは、景気が悪いからだ」とか、「人が信用できなかったからだ」とか、「金が借りられなかったからだ」とか、「従業員の質が悪かったからだ」とか、いろいろな言い訳をする人がいるけれども、その人が経営で成功しない理由をよく見ていると、実は、非常に焦《あせ》るというような傾向《けいこう》がある人もいます。焦ってしまう。いつもイライライライラして焦っているのです。

焦っているとどうなるか。こうしてみると、人の仕事が信用できなくなってきます。人の仕事が信用できなくなって、イライラして、何かを言います。

また、焦るとどうなるか。結果を非常に急ぐようになります。そして、どうなるか。十分な成果が出ていないと、もうちょっとすると本当は成功するところであっても、もうパタッとやめてしまう。せっかくお金をかけて、人をだいぶ使ってやった仕事をパタッとやめてしまう。こういうことになって、せっかく過去培《つちか》ってきた信用関係をわずか一日で失ってしまう。こんなことがある。

こういう焦りの心を持った人というのは、結局、「他の人に対するゆとりの目」がありません。「他の人の事情を見てあげる目」がありません。「相手の事情を汲《く》んであげる気持ち」がありません。自分のことで、もういっぱいいっぱいです。いつも不安でしょうがないから、何とか早く結果を出したい。そういうことで焦っている。こんなことがあります。

あるいは、もう一歩のところでいつもヘマをする人、こんな方もいらっしゃいます。かなり、八割、九割のところまでうまく来たのに、もうちょっとのところでヘマをする人、これはいらっしゃるのです。

たいていの場合、「言葉」で失敗することが多いのです。取引もまとまりかけて、もうすぐ契約《けいやく》という段階になると、安心してしまって、「実は、本当はうちには問題があるんですよ」というようなことをサッとしゃべってしまう。「裏の倉庫は在庫の山で」などと言ってしまう。あるいは、「先般《せんぱん》、実は銀行から融資《ゆうし》を断られたところだったんですよ。ありがとうございました」などということをペロッと言う。向こうは心配になります。「もう一回調べてみないと、これは危ない」と思って帰ります。調べた結果、やはり危なそうだということで、契約が駄目《だめ》になってしまう。

こんなことをする人はいるのです。世の中にけっこう多いのです。もうちょっとのところで、わざと失敗するようなことを自分で無意識下に言ってしまうのです。

そういう人は、実は心の奥《おく》で失敗を願っているのです。そう言ったらその人は怒《おこ》るでしょうけれども、傍目《はため》に見たらそうなのです。失敗を願っているのです。

その失敗を願っている方が、そういうときになって、やはり失敗を起こすようなことをするのです。そして、その結果はどうかというと、「自分は不幸なんだ」ということを確認して、安心しているのです。こんな方がいるのです。

実は〝ぬるま湯〟から出たくないのです。〝ぬるま湯〟のなかにいたら風邪《かぜ》をひきそうであるけれども、出ても風邪をひきそうであるから、やはり〝ぬるま湯〟に帰りたいのです。こういう方がいるのです。そういう方は、自分で失敗をつくっていきます。そして、同じ苦しみを味わって、「人生は厳しいものだ」ということを一生懸命、確認しています。

このように、他の人が失敗している例を見てみると、分かってきます。これをしっかり研究することなのです。これが、自分がまた同じような立場に立ったときに、環境に立ったときに、教材になるのです。これが指針になるのです。だから、しっかり見なければなりません。

自分より優《すぐ》れた人にどういう態度を取るべきか

それともう一つ、これは、今の不幸な人を観察するより、研究するより少し難しいのですけれども、「成功している人の研究」なのです。

これは大事なのです。ただ、少し難しい。なぜならば、成功している人は、みなさんよりも何かの点において優《すぐ》れていることが多いからです。技能において、知識、経験など、いろいろな点において優れていることが多い。そういう優れた人の境地を推《お》し量るわけですから、かなり難しいものがあることは事実です。

けれども、この成功している人に対して取らねばならない態度、いや、取るべきでない態度がまずあります。

それは、「そういう人に対して、決して嫉妬《しっと》しない」ということです。あるいは、「決して、批判したり、やっかみ半分のことを言ったりしない」ということです。これは大事なことであるのです。

多くの人たちの相談を聞くにつけ、見るにつけ、その人たちが成功しない理由が、私にはよく分かることがあります。

その優秀《ゆうしゅう》だと思える人――自分もそう思っているし、傍目から見てもこの人は優秀だと思える人――が成功しない理由というのは、突《つ》き詰《つ》めていくと、たいていこの一点になることがあります。

要するに、自分より優れている者、強い者、こういう者に負けたくないという気持ちがあって、成功した人の、その成功にケチをつける心というのが必ずあるのです。必ずあるのです、このケチをつける心。こういう心のある人が、残念ながら、優秀だけれども成功しないのです。失敗していきます。

それは、本人自身には分からないのです。それが、なかなか、どうしても分からないのです。他の人が成功しているのを見る。「あれは、きっとうまいことをやったに違いない」と言う。そういうふうに思う。そう思うと、決して自分の問題にならないのです。他人《ひと》が成功しても、「それは、どこかでうまいことをして、そうなったんだ」、こう思うだけだったら、自分の発奮の材料には一切《いっさい》ならないのです。お分かりでしょうか。

「あいつはたまたま運がよかったんだ」。あるいは、よく使われる言葉に、「要領がよかった」という言葉があります。「あいつは要領がよかっただけなんだ」という言葉を使うことがあります。こういう言葉は、これから幸福になっていこう、成功していこうと思う気持ちがある人は、絶対に使ってはなりません。

他の人が成功したことを、その人の努力以外のものに帰《き》してしまおうとする心、そして、自分とは関係ないという気持ち、これはなくさねばなりません。こういう気持ちがあると、せっかく成功した人のいいところがあっても、それを学ぶことができないのです。ケチをつける卑怯《ひきょう》な心があると、学ぶことができないのです。

成功者といえども、完全な人格ではないでしょう。自分のほうが優《まさ》っているところもあるかもしれませんが、現に成功する人がいたら、成功者は成功者として認めて、そのなかから参考になるところを学んでいく。これが、自分も成功していくためのの方法なのです。

その人にケチをつけ、批判をしたところで、一時的な気休めにはなるかもしれないけれども、自分が幸福にもならなければ、成功することもありえないのです。断じてこれを排除《はいじょ》せねばなりません。嫉妬の心はいちばん危険です。これが、多くの人が成功していけない理由なのです。

「判官《ほうがん》びいき」という言葉もあります。負けた義経《よしつね》、ああいう者を非常に愛する気持ちです。弱い者、失敗する者を愛する気持ち。これは、正義の心から正しいこともあるけれども、幸福理論からいくと、いつもそうした失敗する人ばかりをかわいがる気持ちがあると、自分も不幸を愛していって、決して成功できなくなっていきます。

弱き者、失敗した者に対する慈《いつく》しみ、同情というのは大事なことです。しかし、それが自分自身の心の傾向性になってはなりません。そうであっては、真に向上することはできないのです。やはり、成功していく者、強き者、立派な者から学んでいくという気持ちが大事であるのです。

戦後、日本が成功した理由は幾つかあるでしょうが、敗戦というものをきっかけにして、反省をしました。自分たちのやり方が間違っていたということを認めました。そして、アメリカを恨むのではなく、「ああいうアメリカのような国にしたい」

と願って、それを求めていったでしょう。アメリカを追いかけていったでしょう。「ああいう国になりたい」「ああいう国民になりたい」と。そして、努力していった。負けたことによって決して恨まなかった。それを先輩《せんぱい》として見習って、ついていこうとした。それが日本の成功のいちばんの原動力であったと私は思います。

「アメリカが原爆《げんばく》を落としたから日本は駄目になった」ということを言い続けたら、日本は決して繁栄《はんえい》しなかったと思います。そうではなくて、反省ということを梃子《てこ》にして、「よし、ああいう強い国があるならば、自分たちもそうなってみよう」と努力したところが、成功の秘訣《ひけつ》の一つであったと、そういうふうに思うわけなのです。

これは、個人にもまったく同じことが言えるということです。だから、現に成功している人、幸福な人を見たら、その幸福を減ずるようなことは、断じてしてはなりません。その人の幸福を、成功を、「おめでとう」と言える気持ちで接しなければなりません。そうであってこそ初めて、謙虚《けんきょ》に学ぶということができるようになってくるのです。

自分は失敗して、他人はうまくいったとき、その人の悪口を言うことだけはやめる。いや、それだけではまだ足りない。やはり、その人をほめなければ駄目です。その人をほめる。祝福する。そして、「立派な姿を見せていただいて、ありがたかった」という感謝の言葉を述べる。そうであってこそ初めて、自己の学びになり、自分の進歩になっていきます。

自分がそのようになりたいならば、そのイメージというものを肯定《こうてい》することです。それによって、自分はそういうふうになっていけるのです。よいですか。

例えば、自分が何かに失敗したとしましょう。事業なら事業で失敗したとしましょう。自分の子供が大きくなって、また事業を始めるとしましょう。そのときにも、似たようなことは言えるのです。同じようなことは言えるのです。

自分が失敗したから、「事業というものは失敗するものだから、おまえがやっても失敗するよ」と言うような親のもとで育った子供は、また失敗する可能性が非常に強いのです。しかし、「私は失敗したけれども、世の中には成功している人はいっぱいいいるよ。事業は成功することがあるんだ。おまえもよく学んで成功しなさい」と言うような親のもとでは、子供は成功者になっていきます。そういうものであるのです。

だから、子供の失敗を望んでいるか、成功を望んでいるか、それが関係するわけです。そして、子供の失敗を願っている親だと、子供は見事に失敗して、その失敗によって自分はさらに苦しい思いをしていく。こういうふうになります。無意識下では、こんなことがいくらでもあるのです。気をつけねばならないことです。

4　第三の方法――「向上への志《こころざし》」を持つ

さらに向上・発展していくために必要な思いとは

このように、一番目に、「マイナスの思いというものをストップする」ということを言いました。

二番目に、「いろいろな成功や失敗の原因、これを他に求めて研究する」という話をしました。そして、この研究は、当然ながら自分自身に返ってくるわけです。他の人の成功・失敗を研究した結果は、自分自身に返ってきます。

「自分はどうなのだろうか。自分自身、客観的に見てどうなのだろうか。こういう心境で、こういうやり方で、こういう能力で、はたしてこれで幸福になれるだろうか。成功できるだろうか。考えてみると、自分の危ないところはここだな。性格的に、ここが危ない。仕事の仕方では、ここが危ない。対人関係では、ここが危ないな。そうすると、成功している人からいくと、ここをこういうふうに変えていくのが本筋《ほんすじ》であるのだな」と、これを学ぶことです。自分自身にしっかりと言い聞かせることです。この研究心は非常に大事です。

しかし、これだけではまだ十分ではありません。マイナスの思いを止め、そして、しっかりと研究したら、次にやるべきことは、当然ながら、向上に向かっての出発であります。さらに発展していく道を選んでいかねばなりません。

では、そのときにどうするか。何がいちばん大事であるか、それを私は言いましょう。

それは「志《こころざし》」だと私は思います。志です。理想です。これなのです。これがなければ、いくら研究しても向上しないのです。発展しないのです。研究の次にあるものは、この志なのです。「理想を高く持って、やっていくのだ」と思うことなのです。

この「理想を描《えが》く能力」、「志を持つことができる能力」、これは、人間として生まれて生きていくなかでの最大の才能の一つであるのです。現にそういう結果が出ていなくとも、過去の実績から見たらそうでなくても、しかし、志がまだあるということは、それは大いなる才能であるのです。志があるというのは、これは才能なのです。自分にはこの才能がまだあると思わねばなりません。すべてはそこから始まっていくのです。

ですから、どのような不幸に打ちのめされても、マイナスの思いは発せず、そして、他の人のものをよく研究し、自分自身についてもよく研究して、理想に燃えることです。志を向上へと持っていくことなのです。それが大事であるのです。この思いがない人は、どうしても、いま一歩を進めることができないのです。

頭がよくて、そして人柄《ひとがら》がよいのに、成功しないという人がいます。人柄がよいというのは、最初に言った恨《うら》み心のない人でしょう。他の人々を責めたりしない人でしょう。こういう方は人柄がよいでしょう。頭がよいというのは、研究熱心な人でしょう。研究熱心で頭がいい。でも、成功しない。

足りないのは、たいてい志なのです。その理想が情熱を呼ぶことになるのです。

そして、そういう志を持っている人のところに、人は集まってくるのです。

多くの成功者を生み出していくための秘訣《ひけつ》

どうすれば志を持てるのかと訊《き》く人が世の中にいます。どうすれば理想に燃えることができるのかと問う人も数多くいます。どうすれば熱情を持って生きていけるのかと問う人もいます。

しかし、そういう人たちへの答えは、たった一つの実例が出てきたら、それで十分になってしまうのです。例えば、四千人いますが、このなかに、一人、志の高い人が出てきて熱情ある人生を示したら、これでほかの人たちへの説明は要《い》らなくなるのです。

そうなのです。志というのは感化力を持つのです。他の人々への影響力《えいきょうりょく》を持つのです。人は、その波動《はどう》に、その思いに揺《ゆ》り動かされます。そして、不思議なことに、その志が自分のなかにも宿るのです。「ああいうふうに生きてみたい」という気持ちが宿ってくるのです。

そうであるならば、こういう真実に目覚めたみなさんであるならば、手本を求めることもよいが、「自分がまず手本になってみようではないか」と、なぜ思わないのでしょうか。

自分こそが、「不幸の底にあって、敗北の底にあって、しかも明るく生き、マイナスの思いは出さず、研究を重ね、さらに工夫《くふう》をし、もう一度挑戦《ちょうせん》していく。そして、高い志のもとに生きていく」、この姿を見せることこそ、実は多くの成功者を生み出していく秘訣《ひけつ》であるのです。

偉人《いじん》の条件は、ほとばしり出てやまない熱情であるように、私は思います。

挫折《ざせつ》なんか、どこにでも転がっています。

失敗なんか、どこにでも転がっています。
自己憐憫《れんびん》するような、そのような出来事、条件など、いくらでもあります。
体だって、才能だって、自分を憐《あわ》れむようなことはいくらでもあります。
そんなものは、世の中に掃《は》いて捨てるほどあるのです。
そうではない。
要は、どんな掃き溜《だ》めみたいな人生環境《かんきょう》のなかに生きていても、
そのなかで、鶴《つる》のように生きるかです。
掃き溜めのなかからでも、鶴のように生きるかです。
それが大事なのです。
そういう人が出てきてこそ、
世の中は幸福に満ちた人々でいっぱいになるのです。
人柄がよくても幸福になれない、頭がよくても幸福になれない人には、
この情熱というものが必要なのです。

それを教えてあげることが必要です。
そうであってこそ初めて、
幸福の扉《とびら》というものは開《ひら》いていくものなのです。

5 「人生の再建」を目指して

そういう話をしましたが、最初の「マイナスの思いを断《た》て」ということは、当会の教えで言うならば、愛の教えです。四正道《よんしょうどう》、幸福の原理として「愛・知・反省・発展」と言っていますけれども、これは、愛の教え、与《あた》える愛の教えなのです。「奪《うば》う愛から離《はな》れよ。執着《しゅうちゃく》から離れよ。そして、与える愛に向かえ」ということを言ったのです。

二番目の「研究心」というのは、これは「知」と「反省」に当たります。智慧《ちえ》です。知識、真理知識。それと反省を表しています。「知的反省」と言っていいでしょう。「知的反省」が、この研究心なのです。

そして、最後の「発展」ということが、これが、先ほど言った「志《こころざし》」ということになるのです。

こうした、暗い思いを断ち切った「明るい思い」でもって生き、「研究心」に富み、そして「志」を持って生きる人に、失敗などありえないのです。みなさんは幸福になるしかないのであります。

この三つの方法を用いて、人生の再建をしてください。大いに期待します。

ありがとうございました。

第3章

人生の王道を語る（序論）

一九九〇年六月三日　説法《せっぽう》

千葉県・幕張《まくはり》メッセイベントホールにて

1　「人生の王道」を歩むための出発点とは

自分自身の心というものを意識して生きてきたか

今日は、実は、一カ月前の予定を変更《へんこう》いたしまして、午前の部と午後の部の二部制にわたる講演会をすることになりました。

と申しますのも、会員のみなさまのご努力が実りまして、今、新しい方がたいへん増えております。五月の一カ月だけでも、一万数千人の新会員が増えたと聞いております。

こうした新たな事態を踏《ふ》まえまして、講演会も従来のように一通りでは済まなくなってきたのではないかと考えました。「人生の王道を語る」というこの演題は、すでに昨年より決まっていたものでございますが、午前の部におきましては、「まだ仏法真理《ぶっぽうしんり》を学んで日の浅いみなさまに、何らかの参考になることを申し上げたい」という願いから、この講演を組ませていただきました。

具体的に言うならば、午前の講演は、「私どもの書物を平均して三冊ほど読んでおられる方」を想定いたしております。そして、午後の部は、幸福の科学の会員向けで、「真理の書籍《しょせき》を五十冊以上は読んでいる方」を対象にした王道論になる予定であります（本書第４章参照）。

さて、まず、真理に触《ふ》れてまだ日の浅いみなさまに私がお話ししたいこと、それは、もちろん、本日の演題にありますとおり、みなさまがたにとっての「人生の王道」でありますが、この王道は「心とは何か」をつかむところから始まってゆくと思うのであります。

みなさまは、自分の心というものを意識して生きてこられましたでしょうか。

もちろん、「心を知らない」という方は、このなかに一人もいらっしゃらないでしょう。けれども、「自分自身の心とは何なのだろうか」ということを見つめてこられた方というふうになりますと、非常に数少なくなってくるのではないでしょうか。

それは、みなさまがただけに言えることではありません。かく言う私自身も、この真理の世界に入るまで、自分の心というものを明確につかんだことはありませんでした。まだ心の探究を始める以前でありますと、そこにあるのは「心」と言えるようなものではなくて、「感情」に近いものであったのではないかと、私は思い起こして思うのです。

私たちは、身の回りに起きるいろいろな事件、いろいろな人の言葉、出くわした事柄《ことがら》、あるいは、さまざまな新たな環境《かんきょう》の変化などに合わせて、思わず知らず、何らかの反応を起こします。そうした物事に対して必ず反応を起こします。それが感情というかたちで現れてくるのです。

感情と言われると、「なるほど」と思われる方もいらっしゃるでしょう。有名なものは「喜怒哀楽《きどあいらく》」です。「喜」は喜び、「怒」は怒《いか》り、「哀」は哀《かな》しみ、「楽」は楽しみです。

こうした「喜怒哀楽」の感情は、教わる以前から、ある程度備わっております。みなさんがたは、赤ちゃんとして生まれてからこのかた、喜怒哀楽は教わることなく表現してこられたでしょう。おそらく、その延長上に大人になってからの感情というものがあるでありましょう。

人生が終わったときに待ち受ける「冷厳なる事実」とは

ただ、そうした感情を意識しながらも、ある一定の作用に対して必ず同じような反応が起きる自分に、ある種の苛立《いらだ》ちを覚えておられる方が数多いのもまた事実でありましょう。

すぐにカッとくる。怒りの言葉を出してしまう。「なぜ自分はこういうふうになってしまうのだろうか」と思いつつ、悩《なや》みつつ、それを取り除くことができないでいる。そうして、悶々《もんもん》としている人がいらっしゃいましょう。

また、「哀しみ」というものもそうでしょう。なぜこんなに日々哀しいのだろうか。周りを見渡《みわた》してみると、自分以上に哀しみのなかにいる人はまるでいないかのように感じられる。人生は哀しみのなかにあって、自分はそのなかで喪服《もふく》を着て生きていくような、そういう毎日を送っている。そう思っておられる方もいるでしょう。

また、喜びの絶頂にあって、そのときの自分はまったく気がついていなかったのだけれども、その喜びのなかにおいて身近な人たちを思わず知らず傷つけている自分というものに、あるとき気がつくことがあります。

喜んでいて、毎日がうれしくてしかたがないときには、世界がバラ色に見えるのですが、その実、その喜びのなかにあるときに、他の人への配慮《はいりょ》を怠《おこた》り、言葉で他の人々を傷つけ、行いで他の人々を傷つけ、その人たちの顔つきが変化し、自分に向かって顔をしかめていることさえ気づかずに過ごしている人がいます。

このなかに、知らず知らずのうちにエゴイストになっていく道が続いております。

　また、楽しみのなかにおいてもそうであります。この仕事が楽しくてしかたがない。この趣味《しゅみ》が楽しくてしかたがない。楽しみを追求しているうちに、いつの間にか本筋《ほんすじ》から離《はな》れて、享楽《きょうらく》的な人生のなかに生きている方は、今日、話を聴《き》いておられる方のなかにも、かなりのパーセンテージでおられることでしょう。

　そして、いつの間にか、若いころの理想というものを忘れ去って、「楽しみこそが人生」と思い、「快楽が自分を喜ばせてくれるならば、快楽のなかに生きて何が悪い」という気持ちになってきて、ごく自然に、そのなかに身を置くようになっていきます。

　こうして、知らず知らず、人間の本来の使命というものを忘れ、快楽のままに身を置いて人生が終わったときに、それで、「自分も終わり、他人《たにん》も終わり、世界も終わりだ」と思っていたところが、肉体を去ってあの世に還《かえ》ったときには、「冷厳なる事実」が待ち受けているわけです。

　この快楽のなかに生きてきた人は、「死んで後《のち》に命がある」という冷厳な事実の前で、どう自分を表現してよいかが分からなくなってくるのです。

生前、一生懸命《いっしょうけんめい》に努力をしていた人たちや他の人を愛することのなかに生きがいを見いだしていた人たちをせせら笑っていたのは、ほかならぬ、その人自身であります。

「彼らは非常に貧乏性《びんぼうしょう》である。短い人生を楽しまないで何がある」、そう言って、彼らの理想追求や他人のために生きようとする姿勢を冷笑《れいしょう》し、批判してきた人が、この世を去って後に、「楽しみというものは、実に大きな代償《だいしょう》を伴《ともな》うものだ」ということに気づくようになってきます。

そして、自分の人生を振《ふ》り返ります。後悔《こうかい》をします。「人生がこういうものであるならば、ああ、もう一度やり直せればよかった。もっと大切なことのために生きるべきであった。自分の人生は、肉体の喜びを満足させることのみに汲々《きゅうきゅう》として終わった一生であった。まことに、ごまかしの人生であった」ということを、深く深く感ずるようになるのであります。

この間違《まちが》いは、いったい、どこに起因しているのでしょうか。それは、私たちの命というもの、そのもの自体の見方にあるのです。

私たちの命は与《あた》えられたものなのです。この「与えられた命である」ということを気づくかどうか。これが大きな違いになってくるのです。

この命を「与えられた」と思わずに「自分のものだ」と思ってしまい、「両親から与えられたもの」とさえも思わずに、「偶然《ぐうぜん》の所産である」とか、「自分は自分なのである。自分の人生をどう生きたって自分の勝手ではないか」とか思う人たちは、残念ながら、人生の理想からはほど遠い生き方をしていくようになるわけなのです。

こんな単純なことです。「与えられた命」という、この思想すら持てないのが、現代に生きる私たちの姿であるのです。

そうです。世の中を見渡してみてください。この日本だけとは言いません。先進国といわれる国々でもそうです。そこに生きている人たちは、なぜか自分の利害を追求することのみに邁進《まいしん》しているように見えます。あたかも、今言ったとおり、

「自分の命を自分の好きなように使って何が悪い」という考えを当然の前提としたような生き方をしております。

それが生み出しているものは、いったい何でしょうか。それによって人の心のなかに広がっているものは何でしょうか。

医学の発達により、ガンの治療《ちりょう》がどんどん進んでおりますけれども、心のなかに広がっているところの、この〝ガン細胞《さいぼう》〟に気づかない人のあまりにも多いことに、私は涙《なみだ》を禁じえないのです。

そもそもの考え方の出発点が違っているのです。私たちが宿っているところの肉体は、これは私たちの乗り舟《ぶね》であり車であるのです。

みなさまがたが、いかに自分の愛車を大事にされたとしても、その車を自分自身と見間違うことはないでしょう。いくら車が壊《こわ》されようとも、売り払《はら》われようとも、「自分自身ではない」と思うでしょう。

ところが、人生というものは厄介《やっかい》なものであって、肉体を自分と思う人が大多数になってくるのであります。

この考え方を百八十度転換《てんかん》して、「いや、肉体に宿る魂《たましい》こそが主人公である」ということをまず知ることが、王道を歩んでいくための出発点なのです。

2 「信ずる」という行為《こうい》の意味

「あの世はあるかないか」という証明について

そもそも、私たちが、今、定義しようとしている、この「人生の王道」とは、残念ながら、わずか数十年の、この世のみの人生のことを言っているものではないのです。この世のみの成功論など、巷《ちまた》にいくらでも溢《あふ》れております。けれども、私たちが対象にしているのは、まさしく「この世とあの世を貫《つらぬ》く幸福」であるのです。

しかし、みなさんのなかには、疑問を投げかける方もいらっしゃるでしょう。「この世とあの世を貫く幸福と言うが、いまだあの世を知らないのに、なぜ、そういうことを考えることができるのだろうか」、そう思う方が必ずいらっしゃるでしょう。「分かっているのはこの世だけだから、この世だけで成功すれば、それでよいではありませんか」と言われるでしょう。

しかし、事実は一つしかありません。八十パーセントの事実とか、六十パーセントの事実とか、五分五分《ごぶごぶ》とかいうことはありえないのです。確率論の世界で言えば、あの世があるかどうか、こんなことは五分五分かもしれない。しかし、現実論からいきますと、これは、百パーセントかゼロか、どちらかしかないのです。これ以外の〝途中《とちゅう》〟は絶対にありえないのです。

そして、「『あの世がない』ということの証明に成功した人は過去一人もいない」という厳粛《げんしゅく》なる事実があるのです。

現に、「無神論」と言い、「宗教を信じない」と言い、「あの世を信じない」と言う人は、現代にはいくらでもいます。けれども、それを証明してみせてくれた方は、私の知るかぎり、一人もいません。

彼らの大部分は、極《きわ》めて個人的なる反応をします。「信じたくない」というのが本心なのです。「あの世がない」というのではなく、「信じたくない」「考えることが怖《こわ》いから、信じたくない」、それが本心でありましょう。過去、本格的に「あの世がない」ということは証明できていないのです。

その逆に、「あの世の世界がある」ということを証明するために努力してきた方々は、過去の歴史を繙《ひもと》いてみると、いくらでもいるのです。

まず、「すべての宗教家は、この証明のために生きてきた」と言って、間違《まちが》いがありません。そして、人類史のなかで、どの時代からも、宗教家がいなくなったときはありません。いつの時代においても、地上には宗教家がいました。彼らは、神の世界を説いてやまず、あの世の世界を説いてやまず、霊魂《れいこん》の存在を説いてやまなかったのです。

そして、彼らには、彼ら特有の、その事実を証明するさまざまなものがありました。

神の存在を、あの世の存在を知らしめるために、イエスやモーセのように、「奇《き》跡《せき》」というものを起こした方もいらっしゃいました。また、現代でも、「治すことができない」と言われる病《やまい》が治るというような現象が出てくることもあります。

それ以外にも、単に物理的、物質的な、そうしたあの世の存在証明のみならず、現に、目に見えぬ世界からの指導を受けて、この世に教えを説くという人も後を絶たずに、続々、続々と出ています。

そのやり方は一様ではありません。

「自動書記」といって、自動的に、オートマティカルに手が動いて文章を書き、ある思想を述べ伝えるというものもあります。

また、それ以外にも、「啓示《けいじ》を受ける」というかたちで、その思想を受けることもあります。マホメット（ムハンマド）が洞窟《どうくつ》のなかでアッラーの啓示を受けたように、「啓示」を受けるというかたちもあります。

また、当会で証明のために数多く出されているところの「霊言《れいげん》」という現象によって、あの世の存在を証明する手段もあります。

「物質に執《と》われた生き方」から解放されるようになるには

どの方法にも、もちろん、万人《ばんにん》を納得《なっとく》させるところまで行かない部分があるのは事実でしょう。それがこの世とあの世の違いであるからです。

完全に証明できるものであれば、同じ世界であるのです。同じ世界のなかにあるものは、誰《だれ》にでも見せられ、誰にでも触《さわ》らせられ、誰にでも確認をさせることができるが、違った次元の世界であるからこそ、証明の手段は多々あれども、完璧《かんぺき》にまで、それを示し切ることはできない。

それがゆえに、神は一つの方法論を思いつかれた。偉大《いだい》なる聖者を地上に次々と下ろし、彼らによって神の言葉を伝え、奇跡を起こし、この世ならざる存在の姿というものを感じせしめ、そうして、こうした聖人たちの生き様を見せて、「それが神に近い存在である」ということを人々に教えたわけです。

そうした聖なる人々を尊崇《そんすう》する思いが、神というものを想像させ、神の創られた世界を想像させるに至ったわけです。

そう。今、「想像」という言葉を使いました。「感じ取る」と言ってもよいでしょう。

なぜ、そういうものがあるのか。

それは、ここに「信ずる」という行為《こうい》が起きてくるからなのです。

目に見えるもの、目に見え、手に触れるものには、信ずるということはできません。これは確認するだけです。

しかし、目に見えぬものであるからこそ、「信ずる」という行為が起き、この「信ずる」ということが、地上に生きる人間をして、地上ならざる存在に変えてゆくのです。この世ならざる高貴なる世界の存在を知ることによって、人間は、「物質に執《とら》われた生き方」から解放されるようになってくるわけなのです。

ゆえに、ここに「信ずる」という行為の大きな意味合いがあるわけなのです。

3　王道を歩むために①――執《とら》われを去る

どのようなものが自分自身の「執着《しゅうちゃく》」なのか

さて、さまざまに話を進めてまいりました。けれども、今日のこの時間でみなさまがたにお伝えできることは限られております。まだ、真理に目覚めて日の浅いみなさまがたが王道を歩むために、どうしても必要なことを述べ伝えておかねばなりません。

その第一は、「執《とら》われを去る」ということであります。

「執われ」とは、別の言葉では「執着《しゅうちゃく》」ともいいます。「執着」という言葉を聞くと、「なじみのない、古い言葉だ」と思われるかもしれません。もっと簡単に説明してみせましょう。

あなたがたは、毎日毎日を過ごしていて、ふと気がつくと考えていることがありませんか。ふと気がつくと、自分自身に返ってみると、われに返ってみると、いつもいつも考えていることがありませんか。それが執着なのです。

まだ心の探究が十分でない方であるならば、深く自己を洞察《どうさつ》することは難しいでしょう。けれども、「いつもいつも自分が考えていることが執着なのだ」と言われると、「なるほど」と思い浮《う》かぶでしょう。

例えば、過去の自分の失敗というものがあります。仕事上での失敗であれば、思い返せばいつもいつも、そのときの、冷や汗《あせ》が流れるような失敗のことばかりが思い出される。思い起こせば、受験なら受験での、そのときの失敗のことばかりが、つい昨日《きのう》のように思い出される。思い起こせば、結婚《けっこん》のときのあの失敗が、つい昨日のように、いや、今現在のように思われる。

また、過去のことだけではありません。今、自分のやっている仕事のなかでも、どうしてもどうしても心がそこに止まってしまうものがあります。

もちろん、この「執着」といわれるもののなかには、一定の例外はあります。それは、あるときには理想に極《きわ》めて近いところがある場合があるからです。

この執着という心の針が、天上の一点、すなわち神の方向に向いているとき、これは「理想」と呼ばれます。これ自身は「執着」とは呼びません。

もちろん、これも、手段・方法を誤れば執着に転化することはいくらでもあります。ただ、心が神のほうに向いているのは原則として「執着」とは申しません。これは「理想」といいますが、これはほんの、ごく一点に近い方向性で、心の針は、一日の大部分、それ以外のところを、三百六十度の〝残りの部分〟を指しております。

たいていの場合は、気がついてみると、自分自身を害する方向に向いています。「悲しみ」や「苦しみ」の方向に。また、自分を悲しませ、苦しませるものでなくとも、他の人々を傷つけたり悲しませたりするような物事や考え方のところに、そうした「暗いものの考え方」のほうに向いています。これこそが典型的なる執着であります。

なぜ執着はいけないのか

そして、この執着というものは、まだ心というものを十分につかみ切っていないみなさまにとっては、なぜいけないものなのかが分からないかもしれませんが、それはこういうことなのです。

霊的《れいてき》な目で視《み》ますと、みなさまがたの本来の魂《たましい》というものは光っているのです。ダイヤモンドのように、あるいは純金のように光っているものです。そうした無垢《むく》な魂を持って生まれてくるのです。

ここで「魂」と呼んでいるのは、肉体の形とまったく同じ姿をして、肉体にすっぽりと入った霊的なエネルギーのことです。それを言っています。

私が「心」と言っているのは、この魂の中枢《ちゅうすう》部分で、魂全体を司《つかさど》っているところの作用、これを言っています。

この魂は、もともと、そのように光り輝《かがや》いたものであるのです。それが信じられるためには、そう難しいことではありません、小さな子供たちを見ればよいのです。幼子たちを見ればよいのです。純真で、無垢で、私たち、この世の人間が見ても光り輝いて見えます。それが魂の本質であるのです。

それが、大きくなってくるにつれて、次から次へと、いろいろな挫折《ざせつ》、失敗や悲しみを通して、その金色の体にさまざまな〝ゴミ〟や〝埃《ほこり》〟が溜《た》まってくるのです。知らず知らずのうちに、これが溜まってまいります。

まず、私たちは、そうしたゴミや埃に覆《おお》われた姿が本来の姿ではないということを知る必要があるのです。これは本来の姿ではないのです。まず、これはゴミや埃であるということを知らなくてはなりません。

本来の姿は光り輝いた姿であるのです。天真爛漫《てんしんらんまん》であって、すべての人が愛し合い、喜び合える、そのような世界であるのです。子供たちのような世界であるのです。

それが、大きくなってきますと、自分の挫折や悲しみを通して、いつの間にか、他の人に対する見方が変わってまいります。人が信じられなくなってきます。世の中は自分を害するように見えてきます。

失敗は数限りなく、悲しみはその底を知らない。こうした現実のなかでどっぷりと浸《つ》かっていますと、「まさかそんなことはあるまい」と思われるかもしれませんが、実は、自《みずか》ら自身の〝磁力〟によって、〝磁石の力〟によって、そうしたゴミや埃に近いものを吸い寄せているのです。こういう現実があるのです。

そう、いつの間にか、「自分の心を害する思い」を持って、「害する行為《こうい》」を招き寄せている人がいくらでもいるのです。

失敗を愛している人、不幸を愛している人、病《やまい》を愛している人、よくよく見てみれば、こんな人でこの地上は満ち満ちています。彼らは「〝心の針〟のコントロール」を知らず、思わず知らず暗い方向に〝心の針〟を止めてしまったがために、その針に相応するものを引き寄せ、そして体に付着させ、金色の光を消し込《こ》んで、そうして、暗い、灰色の光に覆われた姿となっているわけです。

不幸な過去への執われから自由になるために

しかし、私は、今日、そう難しいことをみなさんにお教えしようとしているのではありません。この事実に気がついたならば、「そのような執われから自由になろう」と思うことが、まず第一歩であるのです。

ああ、自分の心は、気がつけば、いつもマイナスの思いに釘付《くぎづ》けにされていた。この〝釘〟を抜《ぬ》いてみよう。さすれば心は自由になるのではないか。一本の釘を抜いてみた。しかし、まだ自由にはならない。まだ、もう一本、どこかに釘があるのではないか。それを探してみる。また抜いてみよう。

過去、自分が仕事上の失敗をしたからといって、それが自分の値打ちを少しでも下げることになるだろうか。世の中には、さまざまな仕事に就《つ》いている人がいて、みんな、そのなかで苦労しながら、自分を高めていっているのではないのか。

さすれば、自分の一つひとつの「小さな失敗」にいつまでも執われているのは、そして、執われて他の人のせいにしている心は、やはり卑怯《ひきょう》な心ではないのだろうか。

そう、これは自分自身がその釘を抜けば済むことではないのか。そうした「小さな失敗」に執われているのは、他の人のせいではない。自分自身のせいなのだ。その釘で自分を留《と》めているからではないのか。

過ぎ去ったものは、どうすることもできない。しかし、私たちのすべきことは何であるか。そう、その不幸な事実に執われない心を持つことこそ、大事なのではないだろうか。

川の流れを見てみればよい。川のなかに打ち込まれた杭《くい》に、竹だとか木だとか布だとか藁《わら》だとか、いろいろなゴミが溜まっていることがありますが、しかし、自分の現在の姿はそういう姿ではないのだろうか。そうした木の杭の所に止まり、また、川の淵《ふち》の所によどんでいるのが自分ではないだろうか。

川の本質は、やはり、サラサラと流れていくところにあるのではないだろうか。そうであってこその川ではないのだろうか。

この執われから自由にならねばならない。

執われから自由になるためには、過去というものから決別をしていくことです。その不幸な過去を生かすためには、「教訓」と変える以外にないのであり、過去を「教訓」と変える以外に、その過去は持って歩いてはならないのです。

不幸な過去と決別をし、教訓のみを「珠玉《しゅぎょく》の光」として自らの胸のなかに残し、そうして現在に生きることこそ、大事なのではないでしょうか。

みなさんの心のなかには、一本また一本と、さまざまな〝釘が刺《さ》さって〟いるでしょう。その釘には、十年も二十年も前の釘もあるでしょう。霊的な目で視るならば、釘は曲がり、そうして、赤錆《あかさび》だらけです。なぜ、こんな錆《さ》びた釘をいつまでも心のなかに打ち込んだままにしておくのか。それを抜き去ろうではありませんか。

二十年も三十年も前に自分が失敗した苦しみ、そんなものに、もし現在も執われているとするならば、それはほかの人の責任ではないはずです。執われている自分自身の責任であるはずです。

川の水は流れていってこそ使命を果たせるのであり、よどんでしまい、止まってしまったら、その使命を終えてしまう。

そうなのです。私たちはそのような〝引っ掛《か》かり〟から自由にならねばなりません。これは、まず気づくことです。気づいたならば、「そうしよう」と、次は意志することです。意図することです。意欲することです。それによって釘は抜けます。

4 王道を歩むために② ――「寛容《かんよう》なる心」を持つ

第一に、「執着《しゅうちゃく》を取れ」という話をいたしましたけれども、二番目に大事なこと、それは「寛容《かんよう》な精神」であります。「寛容なる心」であります。

「寛容の美徳」がこの地上から失われて久しいのです。寛容な人に会うことがどれほど少なくなったことでしょうか。記憶《きおく》の糸を手繰《たぐ》ってみても、「寛容な人に出会えた」ということは、ごくわずかでしかありません。一年のうちに何人出会うことができるでしょうか。

世の中には寛容の美徳を失った方がなんと多いことでしょうか。寛容の美徳を失って、いつの間にか小さな小さな心になって、細《こま》かい細かいことに気がつきすぎて、そうして、他人《ひと》を責め、自分を責める人のいかに多いことでありましょうか。

そうです。執着からの自由を得たならば、次に必要なことは寛容な心なのです。寛容な精神なのです。

この地上に五十二億の人が生きています（説法《せっぽう》当時）。さまざまな国に、さまざまな環境《かんきょう》下において、ある人は食に飢《う》え、ある人は飽食《ほうしょく》のなかにあり、ある人は知性優《すぐ》れ、ある人は知性劣《おと》り、ある人は体力優れ、ある人は体力劣り、ある人は黒く、ある人は白く、ある人は黄色く、ある人は家族に恵《めぐ》まれ、ある人は恵まれず、さまざまな環境に五十二億の人が生きています。

もし神の立場でこの世界を見たならば、どう見えるとお思いでしょうか。「それもよし、これもよし。黒きもよし、白きもよし、黄色きもよし。それぞれのなかで幸せになってゆきなさい。あなたに今与《あた》えられた環境のなかで幸せを求めてゆきなさい」、そうおっしゃっているでしょう。

地上の人間は、いろいろな意見の下《もと》に不平不満を持っているかもしれないが、大いなる神の心から、大いなる神の目から見たならば、神は、「それもよし」という温かい目で見ているはずなのです。

なぜならば、私たちの人生とは、この一回限りのものではなく、あの悠久《ゆうきゅう》の大河《たいが》が、どこからともなく流れ来たって、どこへともなく流れてゆくように、はるかなる昔から魂《たましい》として存在し、何度も何度も地上に生命を得ているからです。

あるときにはアフリカに生まれ、あるときにはインドに生まれ、あるときには中国に生まれ、あるときには日本に生まれ、いろいろな所に魂は生まれ変わってきています。

その途中《とちゅう》途中を取ってみたならば、いつも最高の環境に生まれているわけではないことは、誰《だれ》が考えても当然のことです。いろいろな環境下、いろいろな条件下で生まれてくるはずです。そうであってこそ、永い永い、永遠に近い人生が、実り多くなってくるわけなのです。

ちょうど、川の流れは、山から小さな谷となって流れ落ち、しばし木《こ》の葉《は》の下を行き、やがて小川となり、あるときには早瀬《はやせ》となり、あるときにはゆったりとした流れとなり、そうして、河口近くになると、海かと思うばかりの広々とした姿になるように、私たちの永遠の転生《てんしょう》のなかでの人生もまた、早瀬あり、谷あり、淵《ふち》ありで、いろいろな経験をそのなかでしていくのです。

その事実を知ったときに、私たちはもっともっと寛容にならねばなりません。自分自身に対しても、他の人に対しても、彼らがそれぞれの時間を今生きているのだということを、大きな流れのなかでの魂修行《しゅぎょう》をしているのだということを知ったときに、私たちは寛容にならざるをえないのです。

そう、自分自身をも優《やさ》しく包み込《こ》むことです。

永い永い魂の歴史のなかで、今、こうした滝《たき》なら滝、早瀬なら早瀬に差し掛《か》かっているなら、「自分自身よ、ご苦労である。おまえは、今、大変かもしれないけれども、これは永い永い旅の途中なのだ。どうか短気を起こすな。また川はゆったりと流れていくであろう。それまで焦《あせ》ってはならぬ。寛容であれ、すべてのことに対して」、こういう気持ちが大事なわけです。

これが二番目です。

5　王道を歩むために③――大自然との調和のなかに生きる

そして、三番目に言っておきたいこと、それは「大自然との調和」ということなのです。これを私はみなさんに言っておきたい。

私たちの現在の悩《なや》みの大部分は、「都会的な、都市的な価値基準」に基《もと》づいて、自分自身を判定しているところから始まってはいませんか。自分の苦しみの大部分は、その都会的なる価値観から始まるのではないでしょうか。

例えば、他人《ひと》よりよい会社に入らねばならない。その会社のなかでは他人より出世をしなくてはならない。他人よりよい学校を出なくてはならない。

それ以外にも、いくらでもあるでしょう。その類《たぐい》を挙げれば限りがありません。名誉《めいよ》や地位、お金、その他諸々《もろもろ》は数限りなくあります。しかし、それらはどれもこれも、どうやら都会的なる価値観から出発しているように思います。

都会的なる価値観から出発するものとは、一定の狭《せま》い空間に、数多くの人があまりにも忙《いそが》しく生きすぎているがために生まれてくるところの、そのストレスではないでしょうか。狭い範囲《はんい》にあまりにも多くの人が生きすぎているがために、自己というものが埋没《まいぼつ》してしまい、その埋没の感情が耐《た》え切れなくて、「いかにして自分を他の人に気づいてもらおうか」とする思い、それがみなさまがたの焦《あせ》りや悩みの中心ではないでしょうか。私はそう思うのです。

しかし、振《ふ》り返ってみてください。みなさまがたは悠久《ゆうきゅう》の時間を生きてきました。もし今から三百年前に生まれていたら、どういう生活をしていたでしょう。千年前なら、いかがでしょうか。二千年前なら、二千五百年前なら、三千年前なら、五千年前なら、一万年前なら、どうでしょうか。

振り返り振り返り考えてみますと、「いや、今、自分が生きているこの場所は、この世界は、私自身の本来の魂《たましい》が喜びを得るべき場ではない」と、おそらく思われることでありましょう。

そう。地上を去った世界には、「天上界《てんじょうかい》」という世界があります。そのなかでは、もちろん、高い世界に行くほど、安らぎと調和に満ち満ちているわけであります。

私たちが「菩薩界《ぼさつかい》」とか「如来界《にょらいかい》」とか呼んでいる世界を見てみますと、そこには都会はありません。そこにあるのは、大自然との調和のなかに生きている人々の姿であります。これが、私たちの心のなかにあるところの原風景なのです。これが、心のなかに宿っているところの理想郷であるのです。桃源郷《とうげんきょう》であるのです。

春うららかな時節に、丘《おか》の上に座《すわ》りて、桜の木の下《もと》で、霞《かすみ》たなびく世界を見ている自分を想像してみてください。それが、みなさまがたの原風景なのです。みなさまがたの魂が憧《あこが》れている風景なのです。

暖かい陽射《ひざ》しの丘に座りて、桜の木の下《した》で、はるかなる遠くを見る。そこには、霞がたなびき、山が青く見えて、小鳥がさえずっている世界が広がっています。この桃源郷こそ、みなさまがたの心の真実なのです。

忙しい都会のなかに生きている私たちではあります。しかし、その私たちであっても、こうした本来の魂の姿を、魂の希望を、叶《かな》えてやろうではありませんか。

そのためには、あくせくした思いを止め、一日のうちの一定の時間に、あるいは、土曜日や日曜日のように、まとまった時間を取ることができるときに、心を穏《おだ》やかにし、安らかにし、「無為《むい》」、すなわち為《な》すこと無く、自然に、大調和のなかにある自分というものを楽しんでください。

これは「天国的なる生活」であり、真理の初心者たちがまずは目指すべき人生の王道であります。

ありがとうございました。

第4章

人生の王道を語る

一九九〇年六月三日　説法《せっぽう》

千葉県・幕張《まくはり》メッセイベントホールにて

1　真なる指導者の条件とは何か

今日は、「午前の部」（本書第3章参照）に七千名、この「午後の部」で八千名、合計一万五千名のみなさんが集《つど》われたと聞いております。本当にありがとうございます。

さて、午後の部から来られた方もいらっしゃるでしょうから、午前の部があったと聞いて、「しまった」と言っておられる方も一部にはいらっしゃるかもしれません。

午前の部でお話ししたことを要約いたしますと、「真理の初歩の人にとっては、天国的なる生活こそ人生の王道である」ということをお話ししました。そのための方法として、会員のみなさまはよくご存じの「無為自然《むいしぜん》の道」についてお話ししました。

さて、この午後の部でみなさまにお話ししたい「人生の王道論」というのは、午前の部とは違《ちが》います。ここでお話ししたいことは、要するに、「指導者の条件とは何であるか」ということであります。

幸福の科学の会員も、今月（一九九〇年六月）中にもう五万人突破《とっぱ》の予定ですが、このままで行きますと、年末に十数万人ぐらいになる予定です。さらに来年以降を考えてみますと、もう、百万人まで行くのはそう先のことではなく、来年末か再来年の半《なか》ばぐらいに達成するという推定をしております。

このような大きな動きになってまいりますと、大事なことは何であるかというと、リーダーとなるべき人たちの資質であります。リーダーがその優秀《ゆうしゅう》なる力を発揮できなければ、数多くの人々を真理の道に誘《いざな》い、また率いていくことはできないのであります。

しかし、本日の、「指導者の条件」とも言いうる「人生の王道論」は、単に真理の団体のみに適用される話ではありません。およそ、この地上に生を享《う》けて生きていく人間であるならば、指導者として生きていかんとする人間であるならば、必ずやそれを通過していかねばならんという関門であるのです。この道を通らずして、真に人々の上に立ち、多くの人々を導いていくことは難しいのであります。

すなわち、午前の部の話では、いわゆる、私たちの考え方によれば四次元、五次元、あるいは六次元に入るかどうかという人たちにとっての、天国的なる生き方への道を示しましたが、午後の部の「人生の王道論」は、最低、六次元光明界上段階《こうみょうかい》から七次元菩薩界《ぼさつかい》、そして八次元如来界《にょらいかい》へと魂《たましい》の修行《しゅぎょう》を進めていく人たちにとって、どうしても学ばねばならないことであるのです。

なぜなら、私たちがよく阿羅漢《あらかん》という言葉で語っているところの、優《すぐ》れた人たちが数多く住んでいる六次元光明界上段階の心境からこそ、真の意味でのリーダー、指導者というものはその姿を現してくるからなのです。

では、真なる指導者とは、いったいいかなる指導者でありましょうか。

そう、それはもちろん、この世的なる地位のみを言っているわけではありません。もちろん、そうした立場に立つということは当然ありうることでありましょう。けれども、あくまでも、われらが語っているところの真理の世界においても十二分《じゅうにぶん》に通用する「指導者の条件」でなくてはならないわけであります。

2　指導者になるための五つの徳目

「礼《れい》」――「品性」と「折り目正しさ」を持つ

その第一の条件を挙げましょう。みなさまがたは、聞き慣れない言葉を聞いて驚《おどろ》かれるでしょう。それは、「礼《れい》」という言葉なのです。礼儀《れいぎ》の「礼」です。これが第一の条件であるのです。

この礼の心は、最高の指導者、すなわち頂点に立つ人にとっては、「魂《たましい》の高貴さ」として、その姿を現します。「高貴なる姿」として、「人格」として、「雰囲気《ふんいき》」として、その姿を現しますが、しかし、本日、話をお聴《き》きの八千名のみなさまは、まだ、その真なる指導者に至る途中《とちゅう》にいられる方々でありましょう。

では、頂点に立つ前に、その途次を歩んでいる者にとっての「礼」とは、いったい何であるか。

それは、一つには、その人の持つところの「品性」であり、また、その表れである行動のあり方としては、「折り目正しさ」でありましょう。

さて、「そんなことが、はたして本当に指導者の条件であろうか」と問われる人もいるに違《ちが》いありません。

しかし、私は言いましょう。王道を語るに当たっては、「覇道《はどう》とは何か」を知らねばなりません。「王道」の対極にあるものに「覇道」というものがあります。

この覇道に生きる者であっても、この世的に位人臣《くらいじんしん》を極《きわ》めることはありえます。優秀《ゆうしゅう》なる人物であり、才能溢《あふ》れる人物であることもあります。しかし、彼らには、主として二つの特徴《とくちょう》がある。

その一つは、先ほど言いましたように、品性というものに〝香《かお》り〟がない。いや、別の言葉で言うならば、「品性において尊敬ができないものがある」ということです。それは、「その人の魂の傾向性《けいこうせい》が違ったところに向いている」ということを意味するのであります。

これが第一の関門であるのです。この品性が違った方向に向いている人には、王道に入《はい》る資格がまずありません。

この品性とはいったい何であるか。これについて語れば、数多くのことになりましょう。

しかし、いやしくも王道に入《い》らんとする者であるならば、その心のなかを見られ、その姿を見られ、陰日向《かげひなた》なく他の者の目に己《おの》が姿をさらしても、恥《は》ずることなき姿である必要があるということです。人前をいくら取り繕《つくろ》ったところで、その裏で、他の人の目に決してさらすことができないような思いを持ち、言葉を発し、行いをしているならば、これは品性劣《おと》ると言わざるをえません。

そうして、覇道に入る人のもう一つの特徴は、「折り目正しさ、礼儀正しさというものの欠如《けつじょ》」でありましょう。

あちこちに、やり手といわれる方は数多くいらっしゃるでしょう。しかし、そのなかで、王道に入るのではなく覇道に入っている人の特徴は、「自分の上にある者、自分の上司に当たる者、優《すぐ》れたる者に対して敬意を表《ひょう》さない」というところにその姿が現れるのであります。強き者を見て、いたずらにそれを愚弄《ぐろう》し、あるいは軽蔑《けいべつ》の言葉を表し、尊敬しないだけではなく、陰でその人たちのことを悪《あ》しざまに言う心、これが「礼」を失《しっ》した心であります。こうした心で生きている人が覇道に生きる者であります。

このなかには、自《みずか》らをエリートと思っている方も数多くいらっしゃるでしょう。しかし、今、己が心を止めて、静かに振《ふ》り返っていただきたい。自分は王道に入っているか、覇道に入っているかを――。

覇道に入りし者は、たとえ、この世においていかなる地位や名声を得ようとも、やがて必ず、生きているうちか、あるいは地上を去った後《のち》に、破滅《はめつ》が待ち受けているのであります。それを知らねばなりません。

ゆえに、優秀である人々よ、他の人々より優れたる資質を持ちたる人々よ、まず第一に、「礼」の心を忘れるな。これを忘れたときに、あなたがたの優秀さは〝神の光を照らすもの〟とはならないのだ。この礼の心を忘れたとき、それは、覇道に陥《おちい》ることになる。これをまず守らねばなるまい。

そして、この礼の心は、実は、あなたがたが十年、二十年、三十年を通して、やがて出世の階段を歩んでいくときに、どうしても必要なことであるのだ。この「礼儀正しさ」が、この「折り目正しさ」が、この「秩序《ちつじょ》を愛する心」が、あなたがたを〝世の波風《なみかぜ》〟から護《まも》ることになるのだ。それは、単に処世の上からのみ考えても、まことに優れた生き方であるということを知らねばなりません。

王道に入《はい》るための条件の一つは、まず、この「礼」にある、「礼節」にある。ここを明確にしておきたい。

それに反した人の例を、一つ二つ挙げてみましょう。

日本で言えば、織田信長《おだのぶなが》という方です。たぐいまれなるリーダーシップを発揮した方であることは、誰《だれ》が見ても明らか。しかし、彼の最期《さいご》は何を物語っているか。

それは、覇道に生きた人間であるということを物語っている。礼を欠いた人間の最期は、あのようになります。

もう一つ挙げておきましょう。たぐいまれなるリーダーシップを発揮し、そして全中国を統一した秦《しん》の始皇帝《しこうてい》という方がいます。

あの広大な国土、人民を統合し、そして中央集権を確立し、法治国家をつくった最初の方であり、その〝偉大《いだい》なる〟業績は隠《かく》すべくもありませんが、しかし、彼はなぜあのような惨《みじ》めな最期になったか。そして、なぜ彼の没後《ぼつご》わずか十年にして、秦の大帝国が潰《つぶ》れ去ったか。

それは、数多くの人々を情け容赦《ようしゃ》なく法という網《あみ》にかけ殺戮《さつりく》し、それのみならず、「焚書坑儒《ふんしょこうじゅ》」ということを行い、四百数十名の儒者を生き埋《う》めにするというような暴挙をなしたからです。

これなどは、優れたる者を、〝神の心、天の心を伝えている人たち〟を人間以下の扱《あつか》いに付するということであり、まさしく礼の心を欠いたと言わざるをえません。

恐怖《きょうふ》で人々を支配することは、一時期できたとしても、これが永続したためしは、過去、ないのであります。恐怖という名の手段によって人々を統治した人は、やがて、その恐怖によって手厳しい反作用を受け、惨めな最期を遂《と》げることになります。ゆえに、私の王道論は、あの中世ヨーロッパで「君主論」を説いたところのマキャヴェリの、権謀術数《けんぼうじゅっすう》を使うマキャヴェリズムとは違います。あれは覇道でありま す。私はあの考えを取りません。われらは、まず王道に入《い》らねばなりません。

「智《ち》」――「洞察力《どうさつりょく》」「理解力」「発想力」で人を生かす

第一は「礼」と申しました。

第二の条件とはいったい何であるか。それを私は「智《ち》」と言いたい。この智は、知識の「知」の下に「日」という漢字が付いている「智」であります。すなわち、単なる知識のみならず、経験を通し、知識が智慧《ちえ》に転化した段階での「智」であると言ってよいでありましょう。

この智は、指導者にとっては非常に大事な条件の一つであります。それは、物事をよく知っているということのみではありません。それだけではなく、人間の心をよく知っている、深い「洞察力《どうさつりょく》」がある、人情の機微《きび》に通じ、細《こま》かなところまで心が届く、そうした徳目がこの智であります。

指導者なる者は、自分に追随《ついずい》してくるところの多くの人々を生かしていかねばなりません。多くの人々を生かしていくためには、どうしても、その道において、普《ふ》通《つう》の人たちを凌駕《りょうが》するだけの「知識」、「経験」、そして「叡智《えいち》」とでも言うべきものが必要になります。

別な言葉を使うとするならば、これは「理解力」と言ってもよいでしょう。理解力の乏《とぼ》しい者は、指導者になる条件を欠いているのであります。

現代においては、この智の面において優れたる者が数多く指導者になっていることを、あちこちで見られるでしょう。高度に情報化された社会のなかでは、この智の部分というのは非常に大きいのです。これを欠いて指導者になる場合には、十分な補佐《ほさ》役が必要であります。そういう人なくして指導者になることは不可能に近いと言ってよいでしょう。

また、この智は、別な面から言うならば、たぐいまれなる「発想力」と言ってもよいでしょう。次から次へと新たな発想を生み出し、創造的な仕事をしていくための力と言ってもよいでしょう。これが、混沌《こんとん》の時代を漕《こ》ぎ渡《わた》っていくときに、どうしても必要な力であるのです。

「信《しん》」——人々からの信頼《しんらい》を築く

二番目に「智」ということを申し上げました。王道に入るための条件の三番目、それは「信《しん》」であります。「信《しん》ずる」という字を書きます。

この信の基《もとい》は、もとより「神仏に対する信仰《しんこう》」にありますが、ただ、ここで指導者の条件として取り上げたい信とは、神仏への尊崇《そんすう》のみではありません。

「信」には、あと二つの面があります。

一つは、多くの同胞《どうほう》たち、仲間たち、他の人々を信ずるという意味での信があります。この信は、チームワークをつくり出し、数々の共同的な作業、組織的仕事をしていくときに、どうしても欠くべからざるものでありましょう。

しかし、神仏への信、それから他の同胞、人間への信とは別に、指導者としていちばん大切な信とは、「信じられる」という意味での信であります。多くの人たちから、「信じられる」「この人は信じられる」という「信」なのです。このことを考えている方が、いったい、この八千人のなかに幾人《いくにん》いるでしょう。

あなたは、他の人々から信じられる人ですか。あなたがたは、「信頼《しんらい》できる」と言われますか。上司から、同僚《どうりょう》から、身内から、部下から、「信じられる」「この人は信じるに足りる」と。それは、「その人に賭《か》けてみたい」という気持ちを起こさせます。

すでに亡《な》くなった総理で、「信なくば立たず」と言った方がいます。そのとおり。

政治家であっても、民《たみ》の、人々の信頼がなければ、たとえどのような経歴の方であっても、才能がある方であっても、宰相《さいしょう》は務まりません。信が揺《ゆ》らいだとき、リーダーシップはその姿を消し去っていきます。

それは、最近でもよく見ているでしょう。国民の信頼を失った政治家が失脚《しっきゃく》していく姿を、あなたがたは見たでしょう。

この「信なくば立たず」、「信じられる」ということが、どれほど大きなことであるか。この「信じられる」ということがあるからこそ、多くの人々から委《ゆだ》ねられるのです、任されるのです。そうであってこそ、彼らの代表として、彼らの生殺与奪《せいさつよだつ》の権を握《にぎ》ることができるのです。

信がない人、人から信じられないような人がそれを持ったら、たちまちそこに現れてくるものは恐怖政治であります。人々に真実のことを教えないで、自分たちの都合《つごう》のよいことばかりをやろうとする政治が、そこに出る。そして、言うことをきかない者を次々に処刑《しょけい》していく。こんなことが起きてきます。

この「信」、信じられること、他の人から「あなたは信ずるに足りる」と言われるということが、指導者の条件にとってどれほど大きなことであるかを知っていただきたいのです。

さすれば、振り返ってみるならば、ああ、自分自身はどうでしょう。どれだけの人から信じられているでしょうか。「あなたを信じている」「全面的に信じる」「あなたが言うことなら信じましょう」「あなたがされることなら、それは正しいことでしょう」と、そう言ってくれる方を、あなたがたは何人持っているでしょうか。

この「信」を築くためには、数多くの〝要素〟が要《い》ります。その基礎《きそ》に要ります。

私は、その出発点には「神仏への信仰」という言葉も述べましたけれども、一つには、やはり、神近き者たちが委ねられているところの力に似たものがあると思います。神近き者が委ねられている力に近いもの、それは何でしょうか。

一つには「公平無私《こうへいむし》の精神」でありましょう。公平にして無私、己《おのれ》を利することが少なく、そして、他の人に対しては公平に処していく。また、隠し立てをしない

「公明正大《こうめいせいだい》な生き方」でもありましょう。いや、それだけではない。現に数多くの人々を幸福にしてきたという実績こそ、何ものにも勝《まさ》る雄弁《ゆうべん》な論拠《ろんきょ》となりましょう。

この世に生を享《う》けて生き、多くの人々の信を受けるということは、大変なことであります。それを考えたときに、「ああ、なんと足りないことが多いのだろう」と思われる方は、ずいぶんこのなかにもいらっしゃることでありましょう。

「義《ぎ》」――神仏の正しさで判断する

一番目に「礼」、二番目に「智」、三番目に「信」と言いました。四番目に大事なことは、「義《ぎ》」であります。義とは、正義の「義」、この字であります。

「義」には、二つの面があります。

一つは、他の人々から恩義を受け、何かを与《あた》えられたときに、そこに感謝の心が生まれ、報恩《ほうおん》をしていくという意味での義、これがあります。受けた恩を忘れずに、報恩していくという意味での義があります。

しかし、これは指導者の条件としての義ではありません。そうではなく、それに従っていく人たちの義であります。

では、指導者になるべき人の義とは何であるか。

それは、「物事の是非《ぜひ》を分かつ力」であります。「是非を知る力」であります。「善悪を分ける力」であります。これが義なのです。「善と悪とを分ける」、「それが正しいことであるか、正しくないことであるかを見分ける」という力なのです。

言葉を換《か》えて言うならば、この義とは、「理性」と言ってもよいでありましょう。「道理を見極める力」であります。もっと分かりやすい言葉を使うとするならば、これは「判断力」という言葉で呼んでもよいでありましょう。

この「善悪・是非を分ける判断力」というものは、指導者にとって、少なくとも王道に入《はい》る指導者にとって、どうしても蔑《ないがし》ろにできない徳目であるのです。

もちろん、覇道のなかに生きる人にとっては、こうした善悪の峻別《しゅんべつ》ではなく、自分に有利か不利かという峻別力が高い人もいるでありましょう。

しかし、そうした利得に聡《さと》いという、自分の利害に聡いという、そのような判断力は、今、私が話しているところの、この義ではありません。義とは、あくまでも「正邪《せいじゃ》を分ける力」であります。

「それが智とどう違うのか」と問われる方もいるでしょう。「智というものも、物事を知る力ではないか。ならば、智があれば義は要らないではないか」と、そのように言われる方も、なかにはいらっしゃるでしょう。

けれども、私たちの経験則から見て、数多くの人を見ていても、「物事はよく知っている。勉強もよくできる。知識はいっぱい持っている。けれども、判断ができない」という人が数多いことが分かるでしょう。数多くの情報がある、知識がある、勉強をしている、教育もある。しかし、肝心《かんじん》なところで物事の判断ができない。優柔不断《ゆうじゅうふだん》となり、何が善で何が悪か、何はやっていいことで、何はやってはいけないことか、それが分からない人が多いのです。

いや、むしろ、知を深めていけばいくほど、いろいろなことを知れば知るほど、複雑になっていって、「選別する力」「識別する力」が弱まる面もなきにしもあらずです。あまりにも多くのことを知りすぎ、考えすぎるがために、何を選んだらいいのか、どれが正しいことであるかが分からない。こういうことがあります。

ここで、「正しさ」というものを使わねばなりません。それは、本来の、神仏から来ているところの正しさです。「神、希《こいねが》うは、かくなる判断であるべきだ」、そういう考えを持っている人です。

こういう考えを持っている人は、一時期、利害において、自分の〝前進〟とは正反対の、〝後退〟に当たるような現象に見舞《みま》われることもあります。人生の途中においては、「是非の心」「善悪を分ける心」が強すぎるがために、一時期、後退しているように見える、一時期、挫折《ざせつ》するように見えることもありますが、究極においては、やはり多くの人々の信望を集めるのは、この義の心なのです。善を取っていく人のところに、最終的に人は集まってくるのです。そうした多くの人々に立てられなければいけないわけなのです。

ゆえに、「義」とはまことに大事な力であります。

いかに礼儀正しく、いかに知識、智慧に富み、いかに信望を受けている人でも、この義の力が弱い人は、ここ一番というところで判断がつきかね、大勢の民を迷わし、戦《いくさ》においては大勢の味方を死なせてしまうことになりかねません。

この「判断力」「決断力」というのは、どうしても必要です。

「勇《ゆう》」――「行動力」「実践力《じっせんりょく》」を備える

そして、指導者になるための五番目の条件、それは「勇《ゆう》」であります。勇とは、勇気の「勇」であります。

ああ、現代では、いかに、勇気のない人々の多いことよ。己の心に照らして、それが正しく、他の多くの人々のためになると分かっていることであっても、行動一つできない人の、あまりにも多いことよ。

勇なき民の数多さに憂《うれ》えているのは、私だけではありません。数多くの心ある人たちは、この勇なき人々の、その行動力のなさに、実践力《じっせんりょく》のなさに、涙《なみだ》を流しているのであります。

しかし、人々一般《いっぱん》について、その勇を問うのはよそう。今、大切なことは、指導者たるべきあなたがた一人ひとりが、「勇気」「勇」という、この徳目を備えることではないだろうか。

もし、善悪を峻別するところの、判断するところの「義」があっても、その「行動力」「実践力」という「勇」がなければ、何ほどの仕事ができましょうか。山のなかに籠《こ》もって、「あれは正しい」「あれは間違っている」と、まるで〝観自《かんじ》在力《ざいりき》〟のように判断する方がいたとしても、さあ、その人はこの地上にいかほどの仕事を遺《のこ》せるでしょうか。

それは、それだけの判断力を持っておりながら、自ら実践してみせる力がないからです。勇気がないからです。そうした「実践力」「決然と行う力」がない人を、人々はなかなかリーダーとは認めがたいのであります。

それは、私たちの真理伝道の運動においても、まったく同じことが言えるのであります。いかに、「智」の部分、勉強で優秀であっても、人一人、導くことができないような人は、残念ながらリーダーとして資格がないのであります。勉強がいくらできても、行動する勇気のない人には、残念ながらリーダーの資格がないのです。

そういうことを言っているのです。

自分自身は真のリーダーたるべき者か

以上、「礼」「智」「信」「義」「勇」という五つの徳目を挙げてみました。この五つを使って、自分自身というものをもう一度判断いただきたいのです。

まず、あなたがたは「礼儀」を心得《こころえ》ているか。少なくとも、品性卑《いや》しいと言われてはいないか。そのような素行の卑しさはないか。他の人に知られて恥ずかしいような、コソコソとしたことをしていないか。これが満たせなければ、まず王道には入《い》れない。

さらに、「智」の部分。どれほどの勉強をしたか、経験をしたか。また、経験のなかから学びというものを凝縮《ぎょうしゅく》しえたか。これをこそ問う。

人に伝えるべきものが何もない人がリーダーになるということはありえない。いかなる世界においても、リーダーたるべき者は、人に伝えるべきものを持っていなければならない。人に伝えるべきものこそ、この智の力によって得られるものなのである。もし、己が心を省《かえり》みて、「伝えるべきもの、何もなし」というのであるならば、「リーダーの資格として、極めて危ないものがある」と言わざるをえない。

また、「信」。人から信じられない人、そんな人が天下を取ったとして、長く続いたためしはありません。なかには、人を操縦するに当たって、不信感の下《もと》にさまざまな策謀を巡《めぐ》らしてやる方もいます。それで、一時的には成功するように見えることもあります。しかし、最後は必ず孤立無援《こりつむえん》になっていきます。

信というものがなければ、真のリーダーにはなれないのです。

そして、「義」です。特に女性のみなさんのいちばん弱いのが、この判断力なのです。善悪を分け、なすべきこと、なすべきではないこと、「これはすべきである」「これはすべきではない」ということを瞬時《しゅんじ》にして判断する力が、まだまだ弱いのです。

女性にしてリーダーの資質を持っている方は、この判断の力が非常に強いです。「これはこうすべきである」「これはしてはいけない」「これはしてもいい」ということを即座《そくざ》に答えられる人が、女性のなかにもいます。こういう方は、女性であってもリーダーとしての資質が非常に高い方ですが、残念ながら、多くの女性たちは、この部分で判断がつきかねることが数多くあるように思います。そして、優柔不断にグルグルグルグルと回っていることがあります。

そして、「勇」です。義から勇、すなわち行動力、実践力へ、です。この実践力においては、男性はもちろんのこと、女性であっても、たぐいまれなる実践力を持っている方はいます。このたぐいまれなる実践力を持った女性は、ときに、男性を退《しりぞ》けて偉大なる仕事をすることがあります。まさしく時代を駆《か》け抜《ぬ》けていくような実践力を持つこともあります。女性のこの勇気は、ある意味において、全男性の勇気を鼓舞《こぶ》するに足るほどのものがあるということを忘れてはなりません。

3 「仁《じん》」――五つの徳目の基礎《きそ》にある力

以上で、五つの徳目についてお話をいたしました。

けれども、この五つの徳目を実践《じっせん》して王道に入《い》っても、まだ足りないものがあります。それは、この五つの徳目の基礎《きそ》にあって、底辺にあって、これらを支えるものです。

これが、私たちが繰《く》り返し説いているところの「愛」であります。古い言葉では「仁《じん》」とも言いますけれども、この愛の力が基礎にならなければならないのです。

愛をもって、「礼《れい》」をせよ。

すなわち、己《おの》が利害のために、己が利得のために礼をするとも、礼儀《れいぎ》を尽《つ》くしても、そのようなものは〝根が生《は》えない〟。
愛をもって、愛の心をもって礼を守れ、礼儀を行え。

愛の心をもって「智《ち》」をかたちづくれ。
そう、人々を愛するために、より幸福にしていくためにこそ、
智は使わなければならない。
人々を害するための智など、こんなもの、役に立たないのです。
愛をもって、智をかたちづくれ。

そして、愛の心でもって、民《たみ》の「信《しん》」を、人々の「信」を集めよ。
これも、自己の利害のためであってはならぬ。
自分の野心達成のための信であってはならぬ。
うわべだけの信であってはならぬ。

人々に甘《あま》い言葉を囁《ささや》き、彼らの歓心《かんしん》を買って、
彼らの利益に訴《うった》えて集める信であってはならぬ。
愛をもって「信」を行え。
その愛ゆえに、人々の「信」を集めよ。

さらに、愛をもって「義《ぎ》」を行え。
愛の心をもって善悪を分け、愛の心をもって道理を見抜《みぬ》き、
愛の心をもって判断をせよ。
ここにおいて冷たき人間とはなるな。
理性の人、理《り》の人はときに冷たき人間となってしまうが、
しかし、愛をもって、この「義」を行え。

そして、愛をもって「勇《ゆう》」を行う。

蛮勇《ばんゆう》であってはなりません。
単に危険を冒《おか》すだけでも、
単に自分が有頂天《うちょうてん》になるための勇であってもなりません。
華々《はなばな》しいだけの勇であってはならない。
人々の注目を集めるだけの勇であってはならない。
愛がゆえに、愛のゆえに、勇気ある人間にならねばならぬ。
多くの人々を愛するがゆえに、
自《みず》らの身命《しんみょう》を賭《と》して、力強く行動をせねばならんのです。
これを間違《まちが》えてはならぬ。
愛をもって勇を行わない場合に間違いやすい点は、
〝功名心《こうみょうしん》に走る〟ということであります。
あなたがたのなかにも、
「勇を行《おこな》っている」と思って、実は功名心のなかにある人も、数多くいるはずである。
その功名心とは、一つには、自分を利せんとする心である。
人々から愛を奪《うば》わんとする心であるのだ。
そうであるならば、この勇を実践するにおいて、功名心を捨てよ。
功名心を捨てるためには、
真に多くの人々に与《あた》え切りの愛を実践する必要があるのです。
「与える愛」とは、このことを言う。
「無償《むしょう》の愛」とは、このことを言う。
「無私《むし》の愛」とは、このことを言う。
「与え続ける愛」とは、このことを言う。
間違っても、勇気ある行動が、
己《おのれ》の名誉《めいよ》のために、名を上げるために、
そういうことのためだけに使われては相成《あいな》らぬ。

それは真なる王道ではなく、
そこにまた、覇道《はどう》に入る〝抜け穴〟が出来上がっているということを、
忘れてはならぬのであります。

4　真に人間として完成していくために

「愛をもって五つの徳目を行《ぎょう》じよ」と語りました。

そして、「愛」をもって、この五つの道を、「礼《れい》」「智《ち》」「信《しん》」「義《ぎ》」「勇《ゆう》」という五つの道を実践《じっせん》したときに、そこに出てくるものはいったい何であろうか。みなさん、それが「徳」というものなのです。そこに徳が現れてくるのです。

徳というものの考え方のなかには、もちろん、先天的なる器《うつわ》の大小という考えもあるでしょう。先天的な器の大小、光の大小、その魂《たましい》の出自というのは、どちらかといえば、才能の部分に付随《ふずい》すると考えてもよいでしょう。本人の努力で変えるものではないからです。

しかし、後天的に得られるところの徳は、以上に述べた五つのことを、愛の心でもって実践するときに、真のリーダーとして光り出すようになってくるのです。これで徳が得られるのです。自分自身に問うてみてください。この真のリーダーになる道が、実は「徳」を形成していく過程であるのです。

そうして、「徳の人」となったあなたがたがいる場所は、いったいどこでしょうか。そう、それが「王道」であるのです。

もちろん、この五つの徳目を実践し、真にわがものとするには、かなり難しい道のりがあります。

なぜならば、この五つのなかのどれかが突出《とっしゅつ》していても、その方は、必ず他のどれかが欠けていることが多いからです。

「礼」と「智」ができても、「義」や「勇」がない人がいます。多いでしょう。「信」があり「礼」があり、「義」や「勇」があっても、「智」が足りない人もいましょう。必ず、魂においてデコボコがあります。

しかし、この五つのうちで、少なくとも三つぐらいはかなり非凡《ひぼん》なものがあると自覚できる人でなければ、まだまだリーダーへの道はほど遠いと言わざるをえないのです。最低三つぐらいは持っていなければなりません。

そして、残りの部分を、努力によって着実に埋《う》めていくのです。「これが自分の欠点だ」と悟《さと》ったならば、その部分を埋めていくべき努力をするのです。そして、完成に近づいていくのです。それが大事であるのです。

なぜ、これが一時《いちどき》にみなさんは持てないかというと、それは、実は実は大変な事実があるからなのです。

例えば、「礼」の心。この礼という第一の条件に挙げたものは、私たちの示している霊的《れいてき》世界観で言うならば、紫色《むらさきいろ》の光線、秩序《ちつじょ》の光線を体現しています。

そして、二番目の「智」は、代表的なのは（黄色の）黄金の光線、法の光線でありますし、それ以外に、ブルーの光線、理性の光線というものがあります。こうした智の光線があります。

さらに、次の「信」。これは白色光線、愛の光線のなかにその多くを負っています。

そして、「義」。物事の是非《ぜひ》を峻別《しゅんべつ》する力、善悪を見抜《みぬ》く力、この道理を見極《みきわ》める力です。

そして、最後の「勇」。そう、これはもちろん、赤色光線といわれる正義の光線であります。

このように、「礼」「智」「信」「義」「勇」は、それぞれ神の徳目の一部を表しているのです。

そうであるからこそ、いかほど、この五つの徳目をすべて成就《じょうじゅ》することが難しいか、お分かりになると思います。

みなさんは、必ずどこかに長所があるでしょう。どこかが突出しているでしょう。しかし、人間として真に完成していくためには、やはり倦《う》まず弛《たゆ》まず、この五つの道を修めていく必要があるのです。そうして、みなさんは、「限りない指導者」として、まさに「比類なき指導者」として、育っていくことができるのです。

幸福の科学に集《つど》って、真剣《しんけん》に真理を勉強している人たちは、少なくとも、今世《こんぜ》生まれる前に六次元光明界《こうみょうかい》以上の階層から出てきている人が多いし、もしそうでなくとも、今世しっかり真理を学んでいる人は、少なくとも六次元以上のところに還《かえ》るであろうと推定されます。

あなたがたを待ち受けているものは、この上にあるところの「菩薩《ぼさつ》の道」であり、さらに「如来《にょらい》の道」であるのです。

これは避《さ》けて通れないのです。

なぜならば、神が私たちの魂を創った理由は、私たちの個性を創った理由は、「われと同じくなれ!」という思いがあったからなのです。「われのごとくなれ」と神は仰《おお》せられて、個々なる魂を創ったのです。

そうであるならば、はるかなる数億年、数十億年前に放たれたこの神の声に応《こた》えることこそ、われらが使命であります。

さすれば、今日より後《のち》、退転《たいてん》することなく、怯《ひる》むことなく、この五つの徳目を実践し、真に徳ある人間となり、人生の王道を歩み切ること以外に、われらが道はないと言わざるをえません。

この道は今生《こんじょう》のみではありません。何度生まれ変わろうとも、この道を歩むのみであります。

私もまた、その道を歩んでいます。共に頑張《がんば》りましょう。

第5章

信念の力

一九九〇年六月二十四日　説法《せっぽう》

北海道・真駒内《まこまない》屋内競技場（アイスアリーナ）にて

1 「人間として目覚める」ことからすべては始まる

「進化せよ。しかして調和せよ」という神の命題

一年ぶりに北海道にやってまいりました。非常にさわやかな気候であり、ちょうど私が東京を離《はな》れる日には、東京都内は三十四度、あるいは、少し離れた所では三十七、八度という記録的な温度でございましたけれども、ここはヨーロッパを思わせるような涼《すず》しい気候でありまして、正直に申しまして、このような自然に恵《めぐ》まれた、また、気候に恵まれた地に、年に一回しか講演会が開けないというのは、まことに残念であります。まことにまことに残念であります。

この私の言わんとしていることの意味が、みなさまはお分かりでしょうか。それは、北海道のみなさまに、もっともっと熱く燃えていただきたいという気持ちなの

です。

当会は、今年（一九九〇年）、二十数回の講演会をやりますけれども、来年も定期的な講演会の予定は組んではいるものの、残りの半分ぐらいは、いちばん盛り上がった地方に、私は乗り込《こ》んでいって話をしたいという、強い強い願いを持っているのであります。

幸福の科学の会員数も、一万五千人が三万人、三万人が七万人というふうに増えてまいりました。

これは、この地にとって幸か不幸か分かりませんけれども、光は西から西から強くなってきております。沖縄《おきなわ》から、九州から、だんだん西から火がついてきております。それもまた、過去、日本の繁栄《はんえい》を見たときに、一つの歴史的な法則であることはやむをえないという気持ちもあります。西から発展してきたという歴史は、この日本にはありました。

しかし、それが過去の事実であったとしても、これからもそうでなければならないという理由がありましょうか。

なぜ、この日本の最北の地において、真理の火が高く掲《かか》げられ、そして、燃え上がっていけないことがありましょうか。そのような過去の事実にとらわれては、新時代というものは決して開かれないのではないかと、私は思うのであります。

たとえて言うならば、ビジネスの経営書などを読んでみても書いてあります。「日本で新しい事業を起こした場合は、たいてい西の地から始めたものが成功する」と書いてあります。「西で始めて成功したものを東に移せば発展していく」と書いてあります。「その逆はない」と書いてあります。

みなさん、悔《くや》しいではありませんか。そう思いませんか。そうでしょう。今こそ、その常識の逆をやるべきときではないでしょうか。

もちろん、気候は涼しく、そして、この北海道の地に住んでおられるみなさまが調和に満ちた生き方をされていることを、私もよく知っております。

けれども、調和というものは、決して停滞《ていたい》という言葉の同意語ではありません。

「何もなさないことによって調和ができる」というならば、これほど簡単なことはないわけであり、それが本当に、この大宇宙を創られたところの神のお心だとお思いでしょうか。

いや、私たちは、よくよく己《おのれ》の心に問うてみなければなりません。

神は、そのように思われていたはずがありません。神の心のなかには、おそらく「無限」に、いや、「無限」という言葉では言い尽《つ》くせないほど限りなく深い情熱を込めて、「際限なく人々に進化・発展していってもらいたい」という念《おも》いがあるはずです。

そうして、この念いと同時に、「しかし、あなたがたは、日々をただ忙《いそが》しく生きていくことが使命ではなかろう。その発展のなかにおいて言い訳をすることなく、その発展を言い訳とすることなく、人々との間に心の調和をつくり出し、人間関係の調和のみならず、その社会において、偉大《いだい》な一大調和をつくれ」と願っておられるのではないでしょうか。

ところが、私たち人間にとって極《きわ》めて難しい魂《たましい》の修行《しゅぎょう》は、この「進歩・進化・発展・繁栄という考え方」と「心の平静、また、調和という考え方」が、そう簡単に両立しないところにあると言ってもよいでありましょう。

しかし、それはあくまでも、人間心におけるところの言い訳にしかすぎないのでありります。神がそのお心において「進化せよ。しかして調和せよ」とおっしゃるのならば、その難しい命題にあえて挑戦《ちょうせん》することこそ、神の子であるところのわれらの使命ではないでしょうか。

さすれば、この緑麗《うるわ》しい地に住む人たちよ。心調和されて生きているみなさまがたよ。その調和のなかに安住してはならない。さらに発展し、さらに進歩し、そして、どのような大きな動きのなかにおいても、われらは己《おの》が心を調和し、さらに人々の関係を調和し、社会を調和させ、そこに素晴《すば》らしきユートピアをつくるということをこそ、胸に刻まねばならないのではないでしょうか。

この偉大なる使命の下《もと》に、一切《いっさい》の言い訳は通用しないのであります。それが、私たちが神により創られた存在であるということを認めるために、どうしてもどうしても必要なことであるからなのです。

自分がいったい何者であるかを知る

もちろん、人間が神の子であるという、その事実さえ「認めない」とおっしゃる方もいらっしゃるでしょう。そういう話はあちこちでよく聞きます。けれども、残念なことに、そうした人たちの後ろ姿の寂《さみ》しさよ。何という寂しい後ろ姿をしていることでしょう。大勢の人に囲まれておりながら、その人の顔の周りに漂《ただよ》っているところのその悲しさは、何と表現いたしましょう。

大勢の人々のなかにありながら、自《みずか》らが神の子であるということを、いや、神がおられるということを頑《かたく》なに認めないで生きているということ自体が、一つの孤独《こどく》を生み、その孤独が、その人に暗い影《かげ》を投げかけていると思えるのです。

その思想が行き着くところはどこであるか、みなさまはお分かりでしょうか。この世に神はおられず、われら人間が神の子ではないという思想の行き着くところはいったい何でしょうか。それは「われ」と「われ以外」、そういうふうにのみ世界を二分《にぶん》するものの考えであります。「自分というものだけがあって、自分の周りにあるものは、自分を害するのか、自分を益するのか、どちらかの種類の存在、生き物だけだ」という考えです。

みなさまはこういうものを見たことがあるでしょう。そうです。われわれ人間よりも、はるかにまだ遅《おそ》い進化の過程にある生き物たちがそうであるはずです。昆虫《こんちゅう》たちを見てごらんなさい。みなそうです。あるいは小さな動物たち。それらは、周りにあるものに対して、自分を害するか害しないかということばかりを常に判断しております。害するということを感じたならば、いち早く逃《に》げ去ることのみに専念し、そして、自分たちにとって利益となる、例えば餌《えさ》が与《あた》えられる、その他の利益が与えられるときにのみ安心している。こういう反応を、私たちは数多く見てきたはずです。

されば、そのような事実を知っておりながら、それが「人間という問題」になったときに、さあ、どうでしょう。そうした他の生物たちを冷静に見ることができたはずのみなさんが、「人間の問題」になると、とたんにどうでしょう。自分たちが同じような、そういう考えを取っていても、分からなくなってきているわけであります。まことに寂しいことであります。

人間が人間であるところの根本《こんぽん》の理由は、自分が何者であるかを知っているところに起因するのであります。自分がいったい何者であるかを知らない人間は、人間ということ自体に対する目覚めがまだ来ていないのであります。言葉は選ばなければならないけれども、〝人間以前〟と言っても過言ではないでしょう。

自分自身を知り、自分の目に見えないものを知り、いや、この「知る」という言葉は「信ずる」という言葉に置き換《か》えてもよいでしょう、その超越《ちょうえつ》した存在ありて、この世界にあらゆる生命が生きており、偉大なる「進化」と「調和」の過程にあるということを知ることこそが、「人間として目覚めた」と言えることなのであります。

これは難しいことではないのです。基本であるのです。出発点であるのです。すべてはここから始まるのであります。

2　日本が世界に果たすべき責任

幸福の科学が展開する「人類幸福化運動」とは

私たちは、今、幸福の科学という団体において、「人類の幸福化運動」を展開いたしております。

この「人類幸福化運動」というのは、要約すれば簡単なことで、二つに集約されるわけです。一つは「個人個人が人間としての悟《さと》りに目覚める」ということであり、もう一つは「こうして悟りに目覚めた人間が数多く出てきて、そして、進化と調和に裏付けされたところのユートピア社会をつくる」という、この二点なのです。

こんな簡単なことを、私たちはみなさまに訴《うった》えているのです。その説明はいろいろとありましょう。しかし、言っていることの要点は、この二点に尽《つ》きます。

各人、人間として生まれたならば、「人間として生まれた」ということはどういうことであるのか。「人間である」ということは、どういうふうに考え、行動しなくてはならんのか。その考えと行動が、真に神の心に適《かな》ったものとなったときに、あなたがたは、少なくとも、この地上において、第一段階の悟りを得たと言えるわけです。これが、まず最初の目標なのです。

そうして、この悟りは、もちろん、どんどんどんどんと高まっていくでありましょうけれども、そうした悟りたる仲間たちを増やしていくことによって、この世の中を変えていきたい。そう強く願っているわけです。

教えを求めて幸福の科学を訪《おとず》れた西南アジアの国営放送の社長

ちょうど二、三日前のことになります。東京の中心にあります、当会の本部が入っている紀尾井町《きおいちょう》ビルというのがありますけれども（説法《せっぽう》当時）、ここに、一人の外国人が訪ねてこられました。その方は、西南アジアのある国営放送の日本の社長でありました。国営放送の社長さんが訪ねてきました。

そして、当会の国際局の職員とお話をされたわけですけれども、その方は、もちろん、私たちのように日本語の書物が自由に読めるわけではありませんし、会話も英語です。しかし、そういう方が、一冊の小冊子を手に取って、「これは大変なことだ」と気づかれたというのです。

それは、英語と日本語の対訳版になっている『幸福の科学入門』という小冊子であります。幸福の科学を始めるに当たって、私がいちばん最初に、自《みずか》らの手で書き下ろした、原稿《げんこう》用紙二十枚の薄《うす》いパンフレットであります。これの対訳を、いったいどこで手に入れたのでしょう。その方はそれを読んだ。そして、駆《か》けつけてきたのです。

「ほかの英語の書物はまだないのか。実は、今、わが祖国の人々は八年の長きにわたる戦乱を経《へ》て心は荒廃《こうはい》し、すべての人が幸福とは何かを求めて求めてやまない状態なのだ。私たちは、かつてマホメット（ムハンマド）たちが説いた教えを戒律《かいりつ》として守り、そして、日々、清く正しく生きているつもりなのに、なぜこんなに戦乱ばかりが起きるのだろうか。その理由が分からない。どうすれば人間は幸福になれるのか。私たちは幸福になれるのか。その解答が欲《ほ》しい。この東洋の日本の地にその解答があるならば、ぜひとも祖国に伝えたい」

そう言ってこられました。そこにもまた、一人の憂国《ゆうこく》の士がありました。

その方の話を、私が伝え聞いた翌日でしたでしょうか。彼の祖国には大地震《だいじしん》がありました。五万人以上の方が亡《な》くなりました。家を失った方は五十万人以上とも言われています。まさしく、その方が心配されていたそのときに、そのような不幸がさらに祖国に襲《おそ》いかかったわけであり、人々の幸福を求める心はどれほどまでに広がっているだろうかと、私は思ったものでした。

「早く、この教えも国際的なものにして、世界の、幸福を求めている多くの人たちに伝えねばならん」という気持ちが、ふつふつふつふつと湧《わ》き上がってきたのでありあります。

されど、しかれども、今、この現状を見たときに、日本では、私たちの運動が始まって、まだ三年有半。まだわが力足らず。その幸福の科学の教勢は、やっと三年半を過ぎて七万に届こうかというレベルであります。

残念ながら、まだ西南アジアは遠い。アフリカも遠い。東南アジアも遠い。アメリカも遠い。この地球の五十二億の人々に真実を伝え、幸福になるための道を伝えるその距離《きょり》は、はるかにはるかに遠いものがあります（説法当時。二〇二一年五月現在、世界百六十カ国以上に数多くの信者がいる）。

されども、神意によって、神の御心《みこころ》によって、われらがまず、この日本の地に下り、この日本の地において真理の種まきをせよと命ぜられたのであるならば、われらがこの畑を耕す以外に道はありません。

私たちは、だからこそ伝道を急ぎ始めたのです。この日本全国に伝えるだけでも、まだまだ時間がかかりますが、他の国で、現に求めている人たちがいるのです。早く行かなければ。彼らにも教えてあげなければ。どうすれば幸福になれるのかを教えてあげられなければいけない。

世界の人々は経済大国である日本に何を求めているのか

しかし、ああ、この日本の一億二千二百万人（説法当時）の人々よ。心を閉《と》ざし、まぶたを閉ざし、「真理など興味もない。神などあるものか。すべてこの世は、名《めい》刺《し》とお金の世の中だ」と考えるような人々の、わが同胞《どうほう》たちの多いことよ。私は彼らに、声を大にして言いたいのです。

今、日本は、世界有数の経済大国になりました。ＧＮＰ（国民総生産）の総額ではアメリカのほうがまだ多いかもしれないけれども、一人当たりでは世界最高水準であるし、事実上の経済的な力は世界一であります。債権国《さいけんこく》としても最大でありま す。

その世界一の経済大国は、まだ発展途上国《とじょうこく》に対して、円借款《えんしゃっかん》を供与《きょうよ》するだとか、お金を〝ばら撒《ま》く〟とか、その程度のことしかできず、それ以外のことは考えられないでいるのです。

しかし、先ほどの話でも分かりますように、世界の人々が日本に対して求めているのは、そんなその場しのぎの、その年だけの〝目先のパン〟だけではないのです。彼らが日本に求めているのは、「それだけ発展・繁栄《はんえい》した国であるならば、われらに伝えるべきものがあるであろう。それを教えてほしい」ということです。

その第一に彼らの関心があるものは、もちろん日本の経済的繁栄の理由でありましょう。なぜ、どうして繁栄したのかということも知りたいでありましょう。

しかし、それだけで止《と》まることは、まずないのであります。そのように、自分たちの先輩《せんぱい》として先を行っている国を勉強する以上、「そのように発展したらどうなるのですか。その次はどうなるのですか」ということを、彼らは聞きたいのです。

そのときに、私たちが答えるべき言葉は、「発展して幸福になりえたのです」でなくてはなりません。その幸福とはいったい何であるのかということを、彼らに説明できなくてはならないのです。

にもかかわらず、ああ、何でしょう。自分の給料のその額ばかりを見て、それ以外のことを考えていないところの同胞たちの多さに、涙《なみだ》が流れるのであります。あなたがたには、もっと大きな使命があるのではないのか。己《おのれ》一人の満足のために生きていて、それでよいのか。まず、自分たち自身が、今、日本人一人ひとりが目覚めなくてはならないであろう。そう思うのです。

もう一つ例を挙げましょう。

ある有名な総合雑誌の最近の特集のなかに、外人のジャーナリストたちと、日本を代表する有名な評論家との対談が載《の》っておりました。その外人のジャーナリストたちは、その有名な評論家に問うていました。「日本がお金持ちになったのは分かった。それだけのお金を貯《た》めたことは分かった。そのお金を、日本人たちは、次、どうしたいのかね。お金を貯めて、次、どうしたいのかね」と問うていました。有名な評論家は言っていました。「いや、それが分からないのだ」と。「日本人は分からないのだ。そんなことを考えていないのだ。それを考えていないのが日本人なのだ。それが日本人らしさなのだ」と答えていました。

そんなのは答えになっていません。全然答えになっていません。私は、正直言って恥《は》ずかしくなりました。それを読んで恥ずかしかったのです。日本の最先端《さいせんたん》を行っているという知識人が、そういう答えしかできないということが恥ずかしかったのです。

私たちは、伝えるべきものを持たなければならないのです。もし、それがないならば、それをつくらなければならないのです。そんなに先のことではありません。十年後につくる、二十年後につくるというような話ではありません。急ぐのです。早くそれをつくらねばなりません。

そこで、今、この一九九〇年の日本を見渡《みわた》したときに、では、伝えられるべきものとして何があるのだろうか。

私も一人の人間として考えてみました。考えて考えて考えて、しかし、今、伝えうるべきものは、やはり、この経済大国は人々の幸福の結果生まれた大国だということであり、そして、これがユートピアなのだというところをお見せする以外に、道はないと思えるのです。

一人ひとりの日本人が優《すぐ》れた人となるのみならず、真に目覚めた人となり、そう、われらが教えているがごとく、他の人々への愛に生きられる人間となって、そうして、ユートピアをつくらねばなりません。

つくれるときが来ているのです。それをつくってみせて、そして、教えてみせなければ駄目《だめ》です。「このようにすれば、こういうふうになるのだ」ということを、情熱を込《こ》めてやらねばならないのです。五十二億の人々に対して、われらは責任がありますその責任を、どうしてもどうしても果たさねばならないのです。

3　ユートピアの地盤《じばん》をつくる「幸福の生産者」とは

幸いにして、今から九年の昔、私には高級諸霊《こうきゅうしょれい》からの啓示《けいじ》というものが降りてくるようになりました。そして、それは現在まで続いてきました。その内容については、検証し、各種の本で世に発表してきました。それらのなかに盛られたものは、多くの人々を啓発し、向上させる内容に満ち満ちたものであり、人々を幸福にしてやまない思想でありました。

それを、その霊人《れいじん》の言葉であるかどうかを、疑う疑わないは、最終的には各人の判断に委《ゆだ》ねるしかないとしても、「われらが伝えんとしているところのこの思想が人々を幸福にしていく」というこの一点だけは、たとえ誰《だれ》がそれを否定しようとしても、断じて譲《ゆず》る気持ちはありません。

われらは私心《ししん》なく、われらは本当に世の中をよくしていきたいという気持ちで集結しているのであり、「一人ひとりの幸福を増産していくことこそ、自分自身の幸福である」と感じられる人間を一人でもつくっていきたい、一人でも多くつくっていきたいということを念願にしているわけであります。

今年の一月、移ったばかりの紀尾井町《きおいちょう》ビルの総合本部の大会議室で、百名の職員を集めて、私は話をしました。「本年度の伝道の第一目標は、五万人の幸福の生産者をつくることである」と申し上げました。

しかし、その数字においては早くも半年で達成されました。けれども、よくよく、よくよく、その言葉を聞いていただきたい。「幸福の生産者を五万人つくりたい」と、私は述べたのです。すでに五万人を超《こ》える会員諸氏がいらっしゃるとしても、「幸福の生産者が五万人いる」とは言えないでしょう。言えないと思います。

幸福の生産者とは、己《おのれ》が悟《さと》りえた、つかみえたその幸福を他の人々に伝えられる、そういう存在であるのです。

それは、「真に目覚めた人」という意味であろうと思うのです。

そうです。会員の数自体は、今年は十万人にも二十万人にもなっていくでありましょう。そして、それは大いなる、これからの、将来の、未来の希望を語る数字になりましょう。

けれども、欲《ほ》しいのは、今年欲しいのは、五万人の幸福の生産者たちなのです。本当に日本の人々を目覚めさせ、この世の中を幸福にさせていきたい、ユートピアに変えていきたいと切実に願って、日々、怠《おこた》ることなく己の魂《たましい》の修行《しゅぎょう》をし、それを実践《じっせん》してみせてくれる方が五万人欲しいのです。そうした方々の活動があって初めて、この日本という地にユートピアの地盤《じばん》ができてまいります。

そして、このユートピアの地盤ができて初めて、やっと、世界の人々に自信を持って語ることができるのです。

「われらはこんなことをやっているんですよ。われらがやっているところの『人類幸福化運動』というのは、『人類』と書いてあるでしょう。『日本人幸福化運動』とは書いていないんですよ。『人類』と書いている以上、あなたがただって〝きょうだい〟ですよ。仲間ですよ。たとえ、肌《はだ》の色は違《ちが》おうとも、国籍《こくせき》は違おうとも、言葉は違おうとも、はるかなる昔に、神の子として命を得た私たちが、魂修行のために、その過程において、一時期、黒くなったり、白くなったり、黄色くなったりして生まれているかもしれないけれども、いや、その根源は一つである」と。

その個性化と、魂修行の多様化のためにいろいろな姿を取っているだけであって、彼もまた、われと同じ神の子であり、仏性《ぶっしょう》宿りたる人間であり、偉大《いだい》な魂であるということを知らねばなりません。

4　神の理想を実現する「信念の力」

「信念」の真意について

外国の地にも、過去、偉大《いだい》な方が出て教えを説かれたでしょう。先ほど言ったマホメット（ムハンマド）もそうでしょう。

しかし、もう千三百年も四百年も時間が流れました。今、マホメットがいたら、イスラムの世界を幸福にするための言葉を伝えているでしょう。ところが、イスラムの人々は、千数百年前の彼の言葉を拠《よ》りどころとして、今、生きているのです。しかし、その古い言葉のなかには、もう、今の社会のなかにおいて、彼らが拠りどころとすべき教え、そして、「繁栄《はんえい》のなかにおけるところの真のユートピアとは何であるか」という答えが入っていないのです。

今の世の中を、今の世界を変えていけるのは、「過去・現在・未来を貫《つらぬ》いている教え」ではあっても、なおかつ、「現在ただいまにおいて現れているところの教え」であるのです。その教えこそが、この現代、この世界を救っていけるわけなのです。

もちろん、その途中《とちゅう》において、さまざまな意見は出されるでありましょう。さまざまな批判もあるでありましょう。

しかし、私たちは思います。「人々を幸福にしていきたい」という、この願いが間《ま》違《ちが》いだと言われるのならば、それは言われるに任せましょう。けれども、私たちは、「人々を幸福にしていきたい」という願いを持って、それを実践《じっせん》することが間違いであるとは、どうしても信じることができません。

たとえ、敵が千万人といえども、振《ふ》り返りみて、自《みず》らに非がなく、間違いがないというならば、喜んで一人でその戦地に赴《おもむ》いていこうと。そういう気概《きがい》を、二千数百年前に語った中国の思想家がおりましたけれども、私も同じ気持ちであります。

さまざまなことを言われたとしても、振り返りみて、自分自身の心のなかに、真実、人々を幸福にしてやまないという思いがあり、その実践の活動をしたいという気持ちがあって、これを実践していくときには、たとえ、矢が降ろうが弾《たま》が飛んでこようが何が来ようが、しかし断固として、この信念をねじ曲げることはできない。そう思うのであります。

この世には、人々が自己実現をしていくための〝武器〟はたくさんございます。いろいろな武器がございます。経済的な力であったり、あるいは学問であったり、さまざまな人脈であったりと、いろいろな武器が、この世的に自己実現をしてゆくためにはございます。けれども、いろいろなものを並べられても、「この信念の力に勝《まさ》るものはない」と、私は思うのです。

信念とは、「信じ、念《おも》う」と書いてあります。「信ずる」とは何であるか。それは「受け入れる」ということであります。そして、「念う」とは、その受け入れたものを、この地上に姿あらしめんと念うことであります。

さすれば、われらは「信ずる」という言葉において、いったい何を受け入れればよいのでしょう。何を受け止めればよいのでしょうか。私はこれを、「神の理想」と呼びたい。

われら人間が心素直《すなお》にそのままに受け取ってよいものは、人の言葉でもありません。他のさまざまな物質や、その他のものでもありません。虚心坦懐《きょしんたんかい》に受け取るべきものは神の理想であります。この神の理想を受け止めて、そして、それを受け止めただけではなりません。

それを、「念《ねん》」という念《おも》いの力とすることです。この「念」とは、自らの持っているところのすべての力を集約していこうとする試みであります。

人間は精神的な存在であります。そして、その精神的存在が、その精神的エネルギーを一つに集結したときに、ここに巨大《きょだい》なエネルギーの束が誕生いたします。光の奔流《ほんりゅう》がここに誕生いたします。この光の流れは、この光の束は、この光のエネルギーの放出は、いかなるダムも、これを押《お》しとどめることは不可能なものなのであります。そして、このエネルギーの奔流は、その根源が、その淵源《えんげん》が、神の理想から来ているからこそ、また強いのであります。

もし、そのエネルギーを放出せんとしても、そこに「迷い」があったならば、「疑い」があったならば、「猜疑《さいぎ》の心」があったならば、何ゆえにそのエネルギーの川は、あらゆる障害物を打ち破って流れてゆくことができましょうか。ささやかな岩石や木の杭《くい》や土砂崩《どしゃくず》れや土手など、いろいろなもので妨害《ぼうがい》されると、すぐ弱ってしまうような、そんな力になるでしょう。

それは、まず信ずるということにおいて、完全なるものをつかんでいないからであります。

「信ずる」ということにおいて完全なるものをつかんでいないからこそ、それを念ずる段階において、その自分のすべての霊的《れいてき》なるエネルギーを集結し、放出することが難しくなり、ささやかな事情の下《もと》に自らの逃《に》げ場を探し、言い訳を探す。こういう人が出てくるようになるのです。

あなたがたも、巷《ちまた》に溢《あふ》れているところの「信念の魔術《まじゅつ》」だとか「自己実現の法則」だとか、そのようなものは一度や二度は読んだことがあるでしょう。それらのなかには、方法論的にはよいことも書いてあることはあります。

しかし、決定的に欠けているものは何であるか。それは「信念」という言葉の、まず、その〝言葉のつくり〟を分析《ぶんせき》できていないということなのです。

信念は、まず「信ずる」というところから始まります。信ずるとは「神の理想を受け入れる」ということであります。この受け入れるということにおいて、われらはまったく無垢《むく》な心でもって受け入れなければならないのです。

「神の理想」に近づいていくためには

「神の理想」は、われらがこの地上に生まれてたかだか数十年、学校で勉強したとか、両親に教わったとか、友人に聞いたとか、知人から聞いたとか、こんなもので否定されるほど〝やわなもの〟ではないのです。そんな小さなものではないのです。われらから見たならば、人間から見たならば、それは「無限」と「一」という数字との違いぐらいの差があるのです。それが神の理想と、この世に生まれてから数十年でつくられたところの人間の理想との差なのです。それだけの差があるのです。

ゆえに、私は、単なる念の集中や超能力《ちょうのうりょく》の発揮によって、「あなたがたはこうしたら本当にお金が儲《もう》かりますよ」「出世しますよ」「成功しますよ」と、こんなことを教えたくて、今日この演題を選んだのではありません。そんなことは問題外であります。こんなものは「邪道《じゃどう》」というのです。そうではありません。「本道」は、この神の理想を実現していくところにこそあるのです。

そして、私たちはあくまでも個性ある一個の人間として、考え、行動していくわけですから、この神の理想というものを全身で受け止めて、自分にはいったい何ができるのかを問い、自分の持っているところの能力を点検し、自分の持っているところの行動力を全開していくための方法を考えなくてはならないのです。どうすれば全才能を投入し、そして、そのエネルギーを行動へと変え、唯一《ゆいいつ》の神の理想に近づいていくか。これを考えなくてはならないのです。

そして、その神の理想とは、最初にも言いました。簡単なことでありました。人間として個性を持っている以上、まず己《おのれ》自身が悟《さと》りたる存在として変わってゆけということです。

そして、この「悟りの幸福」こそが真実の幸福でもあるのだという事実があります。

この世的に「幸福」といわれることはいろいろあろうが、それらの多くは、地上を去ったときに持って還《かえ》ることができないのです。

ところが、「悟り」ということを縁《えん》として得られたるところの幸福は、「この世とあの世を貫く幸福」であるのです。ゆえに、この幸福こそが、最高・最大のものであると言っているのです。個人のレベルにおいては、この悟りの幸福こそが、最高の幸福であるのです。

悟りの幸福とは何であるか。

それは、「己自身が霊的存在であり、霊的存在とは何であるかといえば、神の子としての存在であるということであり、神の子としての存在であるとはどういうことであるかというと、それは、愛ということを基礎《きそ》にして生きていく存在であるということである。それを知る」ということであります。

5　世界の人々に「真実の愛の心」を伝えたい

他の人を幸福に導いていける人が持つ幸福とは

あなたがたの多くは、幸福にならんとして、人々から愛を受けることのみを求めて生きてきた数十年ではなかったでしょうか。愛さえ受ければ、受け止めることができれば、自分は幸福になれると思うのに、なぜ周りにいる人々は、自分の欲《ほっ》するところのこの愛を与《あた》えてくれないのか、優《やさ》しさを与えてくれないのか。そう思って、数十年、悩《なや》んでこられたのではないでしょうか。

しかし、考えてもみよ。

イエスは「神は愛なり」と言ったではないか。

人間が神の子であるならば、人間もまた、愛の子であります。
そして、この愛とは、「与える愛」という言葉で語られているものなのです。
他人《たにん》からもらう愛ではない。
「奪《うば》う愛」ではない。
「与える愛」です。
「奉仕《ほうし》の愛」なのです。
「無償《むしょう》の愛」なのです。
見返りを求めることなく、与えることなのです。
それは、まさしく、あなたがたが今まで求めてきたものです。
求めてきたものを、それを求めるのではなく与えなさいと、
私は語っているのです。
そして、それが人間存在の本質であると言っているのです。

あっちにもこっちにも、「愛が欲《ほ》しい」と言う人が地に満ちているのです。
その愛はどこから降ってくるのでしょうか。
どこから。隕石《いんせき》のように、大空から降ってくるのでしょうか。
そんなことはないでしょう。
その愛は人間から来るのです。
他の人から来るのです。
その人はどこへ行けば見つかるのでしょうか。
いったいどこにいるのでしょうか。
そういう人は、
自分が「他の人々を幸福にしよう」としている人たちであるのです。
他の人々を幸福にしようとしている人々があって初めて、
幸福になる人たちが出てくるのです。
愛を与えんとする人たちがいて初めて、

与えられる人がいるのです。

みんなが「与えられたい、与えられたい」と言って、カラスの子のようにくちばしを開いて待っていても、親鳥が餌《えさ》を運んでこなければ、その飢《う》えは収まることがないでしょう。そうです。餌を運んでくる親鳥が要《い》るように、愛が与えられたくている人がいっぱいこの地に満ちているならば、「与えるべき人」が要るのです。

この与えるべき人とはいったい何でしょうか。

この「愛を与えるべき人」とは、すなわち、己《おのれ》自身が幸福を嚙《か》みしめている人であるはずです。己自身が幸福を嚙みしめている人であるからこそ、他の人々を幸福に導いていける。

そして、その幸福とは何であるかというと、この世的なる惑《まど》わしに満ちた、虚飾《きょしょく》に満ちた幸福ではない。それは、「自分自身の本質」をしっかりと知り、「神の創られた世界」を知り、「神の熱い願い」を受け止めて得られたところの幸福であるのです。そうです。そういう人が出てこそ、この地上に愛は広がっていく。

そして、この悟《さと》りたる人の幸福は、己自身が手に入れた幸福ではなく、神から来たものであることこそが、偉大《いだい》なる事実であるのです。その悟りという名の幸福は、自《みずか》らを神の心と同通させることによって得られる幸福であるがゆえに、この幸福なる光のチャンネルを開いたときに、無限の神の愛というものが流れ込《こ》んできます。

人に愛を与えて、それで枯渇《こかつ》するようなものではないのです。

物はあげたらなくなるでしょう。しかし、この神から伝わってくるところの愛は、与えれば与えるほどに、さらに神から与えられるのです。なぜならば、神は愛であるからです。

おまえたち、神の子である人間たちよ、
われの代わりに他の者を愛せよ。
それはわれわれが人々を愛するのと同じことなのである。

すなわち、おまえたちが他の人を愛さんとするときに、おまえたちは私自身と一体となるのだ。

私自身と一体となるがゆえに、おまえたちは愛の塊《かたまり》となるのだ。

ゆえにこの愛は、与えてなくなるようなものではない。

無限に滾々《こんこん》滾々と降り注いでくるものであり、湧《わ》き上がってくるものであるということなのだ。


そういう事実があるのであります。

あなたも真理の花束を届ける「幸福の生産者」になろう

そうして、一人二人では、その大きな仕事はできません。なぜならば、数多くの人々が、現に幸福になりたくて溢《あふ》れているからです。それだけ多くの人々を、この同時代に幸福にしていくためには、やはり、光の供給をするところの、愛の供給をするところの、数多くの仲間たちが要るということなのです。そうした仲間たちがいて初めて間に合うのです。

そうです。一人でやってもやれるでしょうが、世界の五十二億の人には届かない。その行動力と時間とにおいて、とても彼らが生きている間に間に合わない。彼らが生きている間に、彼らが求めているときに間に合わせたい。そのために、幸福の生産者たちが数多く要るのです。

ちょうど、あちこちに病人がいるときに、医者が一人しかいなければ、この医者は悲しいでしょう。私はそう思います。あっちにもこっちにも、死にかけの病人がいっぱいいるのに、自分は一人しかいない。医療《いりょう》道具もこれだけしかない。すべての患者《かんじゃ》を治せない。しかし、「先生、治してください」と、次から次から来る。

このときに、医者の目に流れる涙《なみだ》を、あなたがたは想像することができるでしょう。多くの医師がいて初めて、数多くの患者たちを救っていくことができます。

私たちが今、目標としているのは、日本の一億二千二百万人、
そして、世界の五十二億です。
これらの人々に、「真実の愛の心」を伝えたいのです。
幸福とは何であるかということを実感させてあげたいのです。
そのためには、光の生産者、すなわち光の供給者、「幸福の生産者」が必要です。
そう、「幸福の生産者」とはまた、「心の医者」でもあります。
こうした心の医者を数多くつくらねばならないのです。
心の医者になるためには、この真理というものをしっかりと学んで、
自分自身のものとして体得していただく必要があるのです。
まず、数多くの教えが、天から花びらが降るがごとく、
この地上に今、下《くだ》されています。
それを知っていただきたい。
知っていただいて、次に、読んでいただきたい。

読んでいただいて、次に、分かっていただきたい。

分かっていただいて、次に、噛みしめていただきたい。

噛みしめていただいて初めて、喜んでいただきたい。

喜んでいただいて、それを伝えていただきたい。

それが私の願いなのです。

本年の第一目標に、「五万人の幸福の生産者」という話をいたしましたが、第二の目標では、「一千五百万本の真理の花束」を人々に贈《おく》りたいという、こうした目標があります。

この「一千五百万本の花束」とは何であるか。それは真理の書籍《しょせき》であり、真理のテープ（ＣＤ）であり、小冊子であり、月刊誌であります。これが花束です。私たちの花束なのです。これを一千五百万本、人々に差し上げたい。

そう。その花束を、その花を、このバラの花一本をもらった人が、その美しさを見て喜ぶ姿を見たい。その幸福を見たい。そしてまた、彼らがわれらと同じく、幸福の生産者になるところをこの目で見てみたい。

そういう願いを込めて、本年、一千五百万本の真理の花束を、日本国中に配りたいという目標を立てました。五百万本は達成しました。あと一千万本残っています。

残りの半年で、この一千万本の花束を、日本国中の人々の一人ひとりに届けたい。

そして、その花の一本一本を、その胸に挿《さ》してあげたい。

その匂《にお》いをかいでいただきたい。

その真理の香《かお》りをかいでいただきたい。

その花の色の美しさを知っていただきたい。

その花に見えるところの大宇宙の神秘を見ていただきたい。

神の心を見ていただきたい。

そして、神の子であることに気づいていただきたい。

そういうふうに思っているのです。

これは、本日の演題どおり、「信念の力」によって必ず成し遂《と》げられるものであると思っています。

みなさま、本日は、幸福の科学の会員でない方々も三千人以上いらしていると聞いています。私は昨年も来ましたが、今年はこれで最後になります。一年に一度しか、今のところ参れません。

どうか、この日にこの地で、私の話を今日聴《き》いたのであるならば、その証拠《しょうこ》を見せてください。みなさんも「幸福の生産者」になってください。人々を幸福にしていきたいというわれらが願いの下《もと》に、その旗印《はたじるし》の下に集まっていただきたいのです。この一年に一回の機会を無駄《むだ》にしたくないのです。

どうか、光に満ちる日本を、そして世界をつくってゆくために、共に頑張《がんば》ってまいりましょう。ありがとうございました。

あとがき

第3章の「人生の王道を語る」(序論)、第4章「人生の王道を語る」は、幕張メッセイベントホールで午前・午後のダブルヘッダーとしてやったものだ。一日二回、別の講演をやった自分の若さをうらやましくさえ思う。

第5章「信念の力」は、冬はスケートリンクになる真駒内アイスアリーナでの講演だが、初期の講演としては、悔しいぐらい広々とした会場だった。私の念いが届いたかどうかは分からないが、未来のための講演でもあった。

いずれにせよ、今回、このような形で、重要講演の内容を復原できたことをうれしく思う。

二〇二一年　六月四日

幸福《こうふく》の科学《かがく》グループ創始者兼総裁《そうししゃけんそうさい》　大川隆法《おおかわりゅうほう》

『大川隆法　初期重要講演集　ベストセレクション④』関連書籍

『太陽の法』（大川隆法 著　幸福の科学出版刊）
『幸福の法』（同右）
『忍耐の法』（同右）
『幸福の科学の十大原理（下巻）』（同右）
『大川隆法　初期重要講演集　ベストセレクション①』（同右）
『常勝思考』（同右）

大川隆法《おおかわりゅうほう》　初期重要講演集《しょきじゅうようこうえんしゅう》
ベストセレクション④
── 人生の再建 ──

2021年6月24日　初版第1刷

著　者　大《おお》 川《かわ》 隆《りゅう》 法《ほう》

発行所　幸福の科学出版株式会社
〒107-0052 東京都港区赤坂2丁目10番8号
TEL(03)5573-7700
https://www.irhpress.co.jp/

印刷・製本　株式会社 堀内印刷所

落丁・乱丁本はおとりかえいたします

ISBN978-4-8233-0272-5 C0014
カバー yanikap/Shutterstock.com ／帯 A StockStudio/Shutterstock.com
装丁・イラスト・写真（上記・パブリックドメインを除く）© 幸福の科学

大川隆法ベストセラーズ・救世の獅子吼

大川隆法　初期重要講演集 ベストセレクション①

幸福の科学とは何か

これが若き日のエル・カンターレの獅子《しし》吼《く》である──。「人間学」から「宇宙論」まで、幸福の科学の基本的思想が明かされた、初期講演集シリーズ第１巻。

1,980円

大川隆法　初期重要講演集 ベストセレクション②

人間完成への道

本書は「悟りへの道」の歴史そのものである──。本物の愛、真実の智慧、反省の意味、人生における成功などが分かりやすく説かれた「悟りの入門書」。

1,980円

大川隆法　初期重要講演集 ベストセレクション③

情熱からの出発

イエスの天上の父が、久遠の仏陀がここにいる──。聖書や仏典を超える言魂が結晶した、後世への最大遺物と言うべき珠玉の講演集。待望のシリーズ第３巻。

1,980円

大川隆法 東京ドーム講演集

エル・カンターレ「救世の獅子吼」

全世界から5万人の聴衆が集った情熱の講演が、ここに甦る。過去に11回開催された東京ドーム講演を収録した、世界宗教・幸福の科学の記念碑的な一冊。

1,980円

大川隆法ベストセラーズ・エル・カンターレ質疑応答集

エル・カンターレ 人生の疑問・悩みに答える 人生をどう生きるか

シリーズ第1弾

幸福の科学の初期の講演会やセミナー、研修会等での質疑応答を初書籍化！ 人生の問題集を解決する縦横無尽な「悟りの言葉」が、あなたの運命を変える。

1,760円

エル・カンターレ 人生の疑問・悩みに答える 幸せな家庭をつくるために

シリーズ第2弾

夫婦関係、妊娠・出産、子育て、家族の調和や相続・供養に関するQA集。人生の節目で出会う家族問題解決のための「スピリチュアルな智慧」が満載！

1,760円

エル・カンターレ 人生の疑問・悩みに答える 病気・健康問題へのヒント

シリーズ第3弾

毎日を明るく積極的、建設的に生きるために――。現代医学では分からない「心と体の関係」を解き明かし、病気の霊的原因と対処法を示した質疑応答集。

1,760円

エル・カンターレ 人生の疑問・悩みに答える 人間力を高める心の磨き方

シリーズ第4弾

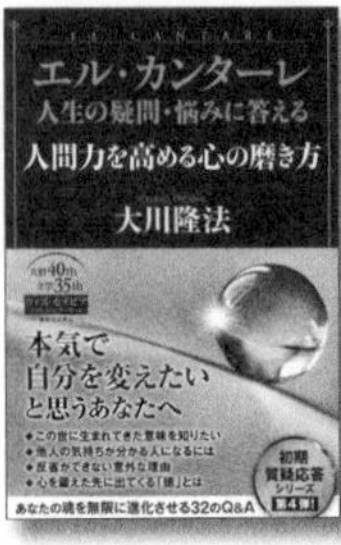

人生の意味とは、智慧とは、心とは――。多くの人々の「心の糧」「人生の道標」となった、若き日の質疑応答集。人類の至宝とも言うべきシリーズ第4弾！

1,760円

※表示価格は税込10%です。

大川隆法ベストセラーズ・**救世主と共に生きる**

われ一人立つ。大川隆法第一声

幸福の科学発足記念座談会

著者の宗教家としての第一声、「初転法《しょてんぼう》輪《りん》」の説法が待望の書籍化！ 世界宗教・幸福の科学の出発点であり、壮大な教えの輪郭が説かれた歴史的瞬間が甦る。

1,980円

幸福の科学の十大原理（上巻・下巻）

世界160カ国以上に信者を有する「世界教師」の初期講演集が新装復刻。幸福の科学の原点であり、いまだその生命を失わない救世の獅子吼がここに。

各1,980円

UFOリーディング 救世主を護る宇宙存在 ヤイドロンとの対話

「正義の守護神」である宇宙存在・ヤイドロンからのメッセージ。人類が直面する危機や今後の世界情勢、闇宇宙の実態などが、宇宙的視点から語られる。

1,540円

R・A・ゴール 地球の未来を拓く言葉

今、人類の智慧と胆力が試されている――。コロナ変異種拡大の真相や、米中覇権争いの行方など、メシア資格を有する宇宙存在が人類の未来を指し示す。

1,540円

幸福の科学グループのご案内

宗教、教育、政治、出版などの活動を通じて、地球的ユートピアの実現を目指しています。

幸福の科学

一九八六年に立宗。信仰の対象は、地球系霊団の最高大霊、主エル・カンターレ。世界百六十カ国以上の国々に信者を持ち、全人類救済という尊い使命のもと、信者は、「愛」と「悟り」と「ユートピア建設」の教えの実践、伝道に励んでいます。

（二〇二一年六月現在）

愛

幸福の科学の「愛」とは、与える愛です。これは、仏教の慈悲《じひ》や布施《ふせ》の精神と同じことです。信者は、仏法真理をお伝えすることを通して、多くの方に幸福な人生を送っていただくための活動に励んでいます。

悟り

「悟り」とは、自らが仏の子であることを知るということです。教学《きょうがく》や精神統一によって心を磨き、智慧《ちえ》を得て悩みを解決すると共に、天使・菩薩《ぼさつ》の境地を目指し、より多くの人を救える力を身につけていきます。

ユートピア建設

私たち人間は、地上に理想世界を建設するという尊い使命を持って生まれてきています。社会の悪を押しとどめ、善を推し進めるために、信者はさまざまな活動に積極的に参加しています。

国内外の世界で貧困や災害、心の病で苦しんでいる人々に対しては、現地メンバーや支援団体と連携して、物心両面にわたり、あらゆる手段で手を差し伸べています。

年間約２万人の自殺者を減らすため、全国各地で街頭キャンペーンを展開しています。

公式サイト **www.withyou-hs.net**

自殺防止相談窓口

受付時間　火～土:10～18時（祝日を含む）

TEL **03-5573-7707** メール **withyou-hs@happy-science.org**

ヘレン・ケラーを理想として活動する、ハンディキャップを持つ方とボランティアの会です。視聴覚障害者、肢体不自由な方々に仏法真理を学んでいただくための、さまざまなサポートをしています。

公式サイト **www.helen-hs.net**

入会のご案内

幸福の科学では、大川隆法総裁が説く仏法真理《ぶっぽうしんり》をもとに、「どうすれば幸福になれるのか、また、他の人を幸福にできるのか」を学び、実践しています。

入会

仏法真理を学んでみたい方へ

大川隆法総裁の教えを信じ、学ぼうとする方なら、どなたでも入会できます。入会された方には、『入会版「正心法語《しょうしんほうご》」』が授与されます。

ネット入会 入会ご希望の方はネットからも入会できます。
happy-science.jp/joinus

三帰《さんき》誓願《せいがん》

信仰をさらに深めたい方へ

仏弟子としてさらに信仰を深めたい方は、仏《ぶっ》・法《ぼう》・僧《そう》の三宝《さんぼう》への帰依を誓う「三帰誓願式」を受けることができます。三帰誓願者には、『仏説・正心法語』『祈願文《きがんもん》①』『祈願文②』『エル・カンターレへの祈り』が授与されます。

幸福の科学 サービスセンター
TEL 03-5793-1727
（受付時間／火～金:10～20時 土・日祝:10～18時（月曜を除く））

幸福の科学 公式サイト
happy-science.jp

ハッピー・サイエンス・ユニバーシティ
Happy Science University

ハッピー・サイエンス・ユニバーシティとは

ハッピー・サイエンス・ユニバーシティ（HSU）は、大川隆法総裁が設立された「現代の松下村塾」であり、「日本発の本格私学」です。
建学の精神として「幸福の探究と新文明の創造」を掲げ、チャレンジ精神にあふれ、新時代を切り拓く人材の輩出を目指します。

人間幸福学部　経営成功学部　未来産業学部

HSU長生キャンパス TEL **0475-32-7770**
〒299-4325　千葉県長生郡長生村一松丙 4427-1

未来創造学部

HSU未来創造・東京キャンパス
TEL **03-3699-7707**
〒136-0076　東京都江東区南砂2-6-5　公式サイト **happy-science.university**

学校法人 幸福の科学学園

学校法人 幸福の科学学園は、幸福の科学の教育理念のもとにつくられた教育機関です。人間にとって最も大切な宗教教育の導入を通じて精神性を高めながら、ユートピア建設に貢献する人材輩出を目指しています。

幸福の科学学園
中学校・高等学校（那須本校）
2010年4月開校・栃木県那須郡（男女共学・全寮制）
TEL **0287-75-7777** 公式サイト **happy-science.ac.jp**

関西中学校・高等学校（関西校）
2013年4月開校・滋賀県大津市（男女共学・寮及び通学）
TEL **077-573-7774** 公式サイト **kansai.happy-science.ac.jp**

仏法真理塾「サクセスNo.1」

全国に本校・拠点・支部校を展開する、幸福の科学による信仰教育の機関です。小学生・中学生・高校生を対象に、信仰教育・徳育にウエイトを置きつつ、将来、社会人として活躍するための学力養成にも力を注いでいます。

TEL 03-5750-0751（東京本校）

エンゼルプランV

東京本校を中心に、全国に支部教室を展開。信仰をもとに幼児の心を豊かに育む情操教育を行い、子どもの個性を伸ばして天使に育てます。

TEL 03-5750-0757（東京本校）

エンゼル精舎

乳幼児が対象の、託児型の宗教教育施設。エル・カンターレ信仰をもとに、「皆、光の子だと信じられる子」を育みます。
（※参拝施設ではありません）

不登校児支援スクール「ネバー・マインド」

TEL 03-5750-1741

心の面からのアプローチを重視して、不登校の子供たちを支援しています。

ユー・アー・エンゼル！（あなたは天使！）運動

障害児の不安や悩みに取り組み、ご両親を励まし、勇気づける、障害児支援のボランティア運動を展開しています。

一般社団法人 ユー・アー・エンゼル
TEL 03-6426-7797

NPO活動支援

学校からのいじめ追放を目指し、さまざまな社会提言をしています。また、各地でのシンポジウムや学校への啓発ポスター掲示等に取り組む一般財団法人「いじめから子供を守ろうネットワーク」を支援しています。

公式サイト mamoro.org　ブログ blog.mamoro.org
相談窓口 TEL.03-5544-8989

百歳まで生きる会

「百歳まで生きる会」は、生涯現役人生を掲げ、友達づくり、生きがいづくりをめざしている幸福の科学のシニア信者の集まりです。

シニア・プラン21

生涯反省で人生を再生・新生し、希望に満ちた生涯現役人生を生きる仏法真理道場です。定期的に開催される研修には、年齢を問わず、多くの方が参加しています。
全世界212カ所（国内197カ所、海外15カ所）で開校中。

【東京校】 TEL 03-6384-0778　FAX 03-6384-0779
メール senior-plan@kofuku-no-kagaku.or.jp

幸福実現党

内憂外患《ないゆうがいかん》の国難に立ち向かうべく、2009年5月に幸福実現党を立党しました。創立者である大川隆法党総裁の精神的指導のもと、宗教だけでは解決できない問題に取り組み、幸福を具体化するための力になっています。

幸福実現党 釈量子サイト shaku-ryoko.net
Twitter 釈量子@shakuryokoで検索

党の機関紙
「幸福実現党NEWS」

幸福実現党　党員募集中

あなたも幸福を実現する政治に参画しませんか。

○幸福実現党の理念と綱領、政策に賛同する18歳以上の方なら、どなたでも参加いただけます。
○党費：正党員（年額5千円［学生 年額2千円］）、特別党員（年額10万円以上）、家族党員（年額2千円）
○党員資格は党費を入金された日から1年間です。
○正党員、特別党員の皆様には機関紙「幸福実現党NEWS（党員版）」（不定期発行）が送付されます。

＊申込書は、下記、幸福実現党公式サイトでダウンロードできます。
住所：〒107-0052　東京都港区赤坂2-10-8 6階 幸福実現党本部
TEL 03-6441-0754　FAX 03-6441-0764
公式サイト hr-party.jp

出版 メディア 芸能文化　幸福の科学グループ

幸福の科学出版

大川隆法総裁の仏法真理の書を中心に、ビジネス、自己啓発、小説など、さまざまなジャンルの書籍・雑誌を出版しています。他にも、映画事業、文学・学術発展のための振興事業、テレビ・ラジオ番組の提供など、幸福の科学文化を広げる事業を行っています。

アー・ユー・ハッピー？
are-you-happy.com

ザ・リバティ
the-liberty.com

幸福の科学出版
TEL **03-5573-7700**
公式サイト **irhpress.co.jp**

THE FACT
ザ・ファクト
マスコミが報道しない「事実」を世界に伝えるネット・オピニオン番組

ザ・ファクト　検索

NEW STAR PRODUCTION

ニュースター・プロダクション

「新時代の美」を創造する芸能プロダクションです。多くの方々に良き感化を与えられるような魅力あふれるタレントを世に送り出すべく、日々、活動しています。公式サイト **newstarpro.co.jp**

ARI Production

ARI《アリ》 Production《プロダクション》

タレント一人ひとりの個性や魅力を引き出し、「新時代を創造するエンターテインメント」をコンセプトに、世の中に精神的価値のある作品を提供していく芸能プロダクションです。公式サイト **aripro.co.jp**

大川隆法　講演会のご案内

大川隆法総裁の講演会が全国各地で開催されています。講演のなかでは、毎回、「世界教師」としての立場から、幸福な人生を生きるための心の教えをはじめ、世界各地で起きている宗教対立、紛争、国際政治や経済といった時事問題に対する指針など、日本と世界がさらなる繁栄の未来を実現するための道筋が示されています。

020年12月8日 さいたまスーパーアリーナ
With Savior”(ウィズ・セイビア)―救世主と共に―」

2019年10月6日 ザ ウェスティン ハーバー キャッスル トロント(カナダ)
「The Reason We Are Here」

2019年12月17日 さいたまスーパーアリーナ
「新しき繁栄の時代へ」

2019年3月3日 グランド ハイアット 台北(台湾)
「愛は憎しみを超えて」

2019年7月5日 福岡国際センター
「人生に自信を持て」

講演会には、どなたでもご参加いただけます。最新の講演会の開催情報はこちらへ。⟹ 大川隆法総裁公式サイト https://ryuho-okawa.org